Welcome!

Für unsere Autorin Tanja Müller-Jonak hat der perfekte Reisecocktail folgende Zutaten: Felsenküste, Hochmoor und alte Gemäuer. Am besten garniert mit einem Regenbogen. Deshalb ist für sie der Südwesten Englands unschlagbar. Und auch, wenn es merkwürdig klingt: An Südengland mag sie besonders das Wetter! Im Sommer ist es oft sonnig, aber selten zu heiß, und der ewige Wind treibt zwar ab und an Regenwolken heran, aber die ziehen auch schnell wieder weiter.

FOTOMOTIVE OHNE ENDE

Das konnte glücklicherweise auch Gerald Hänel, Fotograf dieses Bandes, feststellen. Er war zunächst nicht wirklich begeistert, als ich ihn fragte, ob er den DuMont Bildatlas Südengland fotografieren möchte. Nach seiner ersten Recherchereise zwischen Kent und Cornwall klang er schon bedeutend optimistischer. »Selten habe ich auf meinen vielen Reisen einen solchen Reichtum an Fotomotiven vorgefunden wie in Südengland«, erzählte er mir begeistert – und Glück mit dem Wetter hatte er auch, meistens.

EINTAUCHEN IN EINE ANDERE WELT

Sein persönliches Highlight war der Abstecher zu den Scilly-Inseln. Der abgelegene Archipel im äußersten Westen von Cornwall ist eine ganz eigene Welt für sich, in der die Zeit stehen geblieben zu sein scheint. In der subtropischen Parkanlage der Tresco Abbey Gardens und an den einsamen traumhaften Stränden fühlte er sich wie in die Karibik versetzt – nur der Sprung ins glasklare, aber ziemlich kalte Wasser war dann doch etwas ernüchternd.

Herzlich

Ihre

Birgit Borowski

Birgit Borowski
Redaktion DuMont Bildatlas

Solch üppige Pflanzenpracht hatte Gerald Hänel auf der Insel Tresco nicht erwartet. Zur Erforschung mittelalterlicher Grabmäler war Tanja Müller-Jonak mehr als ein Jahr lang in Südengland unterwegs.

90

Literarisches Südengland: Auch ein Festival in Bath erinnert an Jane Austen.

35

Rosamunde-Pilcher-Idyll am südlichsten Punkt Englands: auf der Halbinsel Lizard.

110

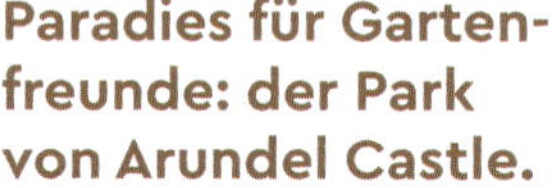

Paradies für Gartenfreunde: der Park von Arundel Castle.

32

Warten auf die richtige Welle: am Fistral Beach.

Das Beste erleben

Berührend, aufregend und spannend ...
sind unsere Ideen, die wir für Ihren Aufenthalt in Südengland zusammengetragen haben.

Reiner Genuss

*** 1 ***

BATH

Römische Thermen und ein Thermalpool über den Dächern der Stadt. In Bath muss man sich einfach erholen!
Seite 81

*** 2 ***

SALISBURY CATHEDRAL GREEN

Staunen und genießen – besonders gut geht das beim Picknick auf dem weiten Rasen vor der schönsten Kathedrale Englands.
Seite 96

*** 3 ***

EDEN PROJECT

Unter den beeindruckenden Glaskuppeln erfreut man sich an der prächtig-vielfältigen Pflanzenwelt. Manchmal sogar beim Silent Disco Yoga.
Seite 35

Atmosphäre pur

*** 4 ***

ST MICHAEL'S MOUNT

Die spektakulärste Bucht Englands und mittendrin ein burgbekrönter Berg, der bei Flut nur mit dem Boot zu erreichen ist.
Seite 36

*** 5 ***

JURASSIC COAST

Furchteinflößende Saurierskelette und knopfgroße Ammoniten – der Küstenabschnitt zwischen Exmouth und Swanage ist ein abenteuerliches Eldorado für moderne Zeitreisende.
Seite 66

Große Kunst

*** 6 ***

TATE ST IVES

Leuchttürme der modernen Kunst in einem architektonischen Juwel am Meer. Die Hafenstadt St Ives mauserte sich zu Cornwalls Kunstmetropole.

Seite 36

*** 7 ***

BRISTOL STREET ART

Eine der interessantesten Städte erkunden und dabei Avantgarde-Kunst genießen – das geht in den Straßen von Bristol, wo die Farborgien der Sprayer ihren Ritterschlag erhielten.

Seite 81

*** 8 ***

CANTERBURY CATHEDRAL

Die Krönungskirche der britischen Monarchie ist die größte und prachtvollste unter den britischen Kathedralen. Bringen Sie viel Zeit zum individuellen Entdecken mit!

Seite 113

*** 9 ***

STONEHENGE

Eine der gewaltigsten Kulturleistungen der Frühgeschichte: Seit rund 5000 Jahren kommen Menschen von weit her, um sich im Kreis der Megalithen im reinen Staunen zu üben.

Seite 96

Grüne Wunder

*** 10 ***

VALLEY OF THE ROCKS

Wie eine Reihe versteinerter Monsterwellen stehen diese spektakulären Felsen zwischen dem Meer und dem Exmoor National Park.

Seite 51

*** 11 ***

DARTMOOR NATIONAL PARK

Ponys, Moorlöcher, Steinkreise und Sherlock Holmes – das Hochmoor von Dartmoor wirkt auch im strahlenden Sonnenschein immer ein bisschen gefährlich.

Seite 52

*** 12 ***

SEVEN SISTERS

»Sieben Schwestern« werden sie genannt: Nirgends zieht sich die Hügellinie der Kreidefelsen so schön dahin wie am Küstenabschnitt zwischen Eastbourne und Seaford.

Seite 114

LEUCHTENDES CORNWALL

An der Westseite der Halbinsel The Lizard laden idyllische Buchten zu einem entspannten Tag am Meer ein. Eine der schönsten ist Kynance Cove, wo sich zwischen steilen Felsen ein heller Sandstrand ausbreitet.

TOP CAT III

SEEFAHRERNATION

Um den alten Hafen von Weymouth in der Grafschaft Dorset gruppieren sich umgebaute Speicher mit Geschäften und Restaurants. Der Ort ist ein guter Ausgangspunkt für die Erkundung der Küste.

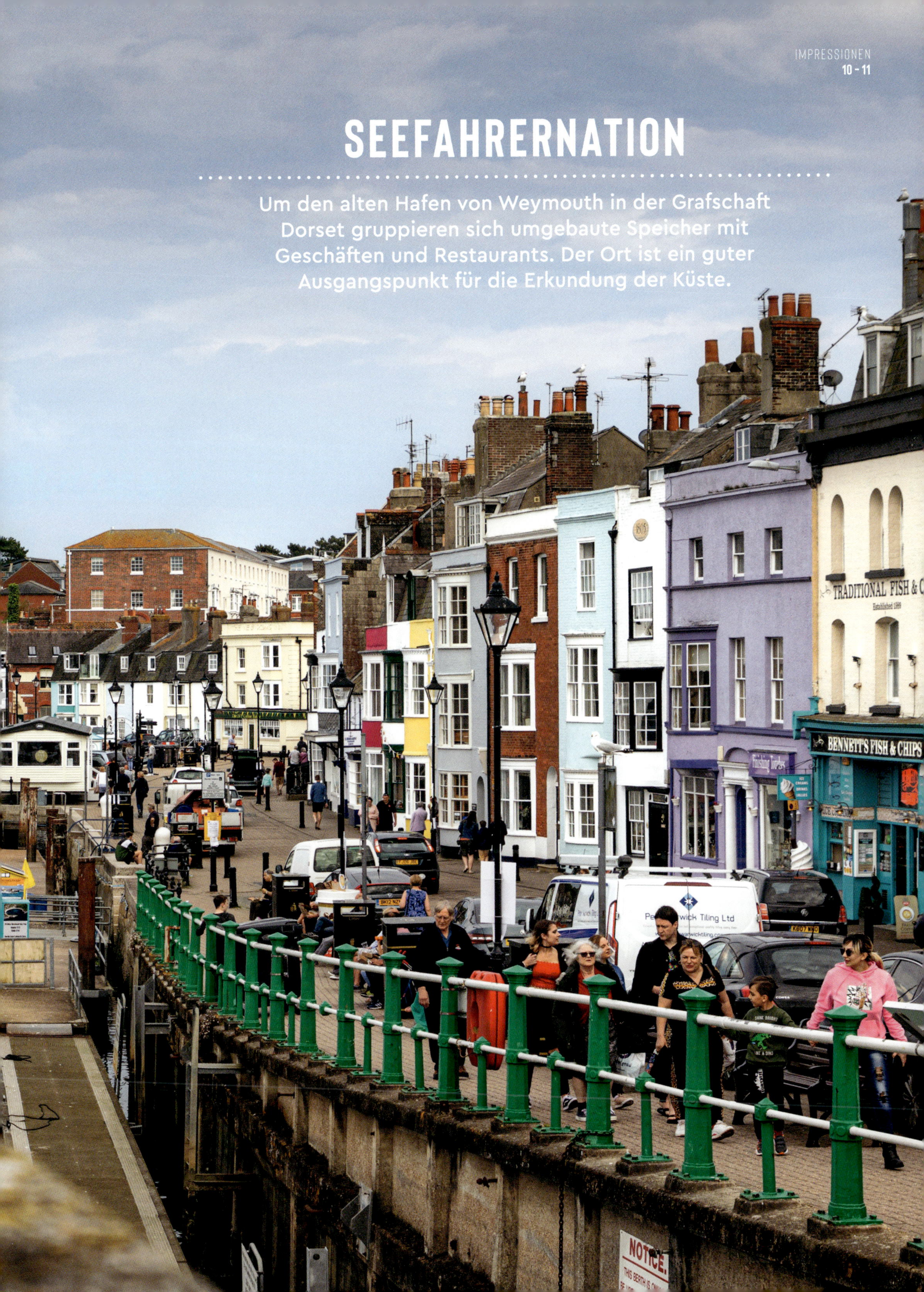

MAGISCHER STEINKREIS

Bis heute ranken sich viele Geschichten um die rätselhafte Megalithkultstätte Stonehenge in der Grafschaft Wiltshire. Dass der Zauberer Merlin mit der Aufstellung der tonnenschweren Steine zu tun haben könnte, ist nur eine davon – und genauso wahrscheinlich (oder unwahrscheinlich) wie die Vermutung, hier seien Außerirdische am Werk gewesen.

JACKS

ENGEL IM TRAUM

Wo es sich schon die alten Römer in ihrem hier errichteten Thermalbad gutgehen ließen, in Bath in der Grafschaft Avon, reckt eine mächtige Abteikirche ihr gotisches Haupt in den Himmel. »Angeregt« wurde ihr Bau von Engeln, die dem Bischof Oliver King 1495 im Traum erschienen sein sollen.

GANZ BEFLÜGELT …

… im Hier und Jetzt: Eastbourne in der Grafschaft East Sussex wird gern als »Grand Old Lady« der englischen Seebäder bezeichnet. Der ursprünglich in den 1870er-Jahren errichtete, nach einem Brand 2014 erneuerte Pier vereint historische Grandezza mit modernem Glanz.

DAS GLÜCK DIESER ERDE …

… liegt auf dem Rücken der Pferde, heißt es. Und wer wollte etwa bei einem geführten Ausritt wie hier im Dartmoor National Park daran zweifeln? Auch beim Wandern und Radfahren lässt sich die wilde Einsamkeit dieser geschützten Heidelandschaft mit ihren typischen Granitformationen erleben.

Genießen mit Aussicht

A PUB WITH A VIEW

Pubs (kurz für Public Houses) waren schon vor Jahrhunderten die öffentlichen Orte, an denen man sich zur Dorfversammlung traf. Sie waren aber auch die Orte, an denen kein Reisender abgewiesen werden durfte. In der Regel sind sie dunkel und gemütlich – manche haben auch eine atemberaubende Aussicht!

1

THE GRAIN BARGE, BRISTOL

Besonders viele junge Menschen drängen sich auf dem alten Kornfrachter, der vor Bristols Hafenkante liegt, als wolle er jeden Moment ablegen. Von hier aus hat man einen guten Blick auf den Millenniums-Kai und die SS Great Britain. Unbedingt probieren: Indische Burger-Variante mit Rote Bete und Schalotten.

Hotwell Rd, Bristol BS8 4RU, www.grainbarge.com

THE ANCHOR INN, SEATOWN

Biere der Region werden im Anchor Inn besonders gerne getrunken, am liebsten auf der erhöhten Terrasse mit Blick auf die Kreideküste. Wenn hinter dem Hügel zur Rechten die Sonne untergeht, ist klar, warum er Golden Cap genannt wird. An den Wochenenden gibt's Live-Musik, und die Zuhörer entzünden Lagerfeuer am langen Kiesstrand. Testen sollten Sie Palmers Dorset Gold und Krabben in Bierteig.

Seatown (am Ende der Straße), Bridport DT6 6JU, www.theanchorinnseatown.co.uk

3

THE SCOTT ARMS, KINGSTON

Innen hell getüncht mit offenem Dachstuhl, außen mit spektakulärem Blick über die Isle of Purbeck und den Burgberg von Corfe Castle. Wer's genau sehen will, wirft einen Quarter in das Aussichtsfernrohr. Unbedingt probieren: Die traditionelle englische Pub-Spezialität Bangers and Mash, Hammelwürste und Stampfkartoffeln.

West St, Kingston, Wareham BH20 5LH, www.thescottarms.com

THE ANCHOR INN AND BOATING, LEWES

Bis die Eisenbahn kam, wurden die Lastkähne von Pferden den River Ouse hinaufgezogen. Weil das Mensch und Tier gleichermaßen hungrig machte, wurde 1790 ein Public House errichtet. Heute genießt man die Aussicht auf den ruhigen Fluss – vor oder nach der Paddeltour. Spezialität ist gebackener Kabeljau mit Sauce Tartare.

Anchor Lane, Lewes BN8 5EA, www.anchorinnandboating.co.uk

5

CROWN AND ANCHOR, CHICHESTER

Wellen plätschern, Boote schaukeln – das Leben im Chichester Harbour folgt einem gemütlichen Rhythmus. Die Wände im Inneren sind mit Darstellungen maritimer Fauna dekoriert, sodass der Besucher gleich auf die Speisekarte des viel gerühmten Restaurants eingestimmt wird. Hervorragend die australischen Weine und das Seafood Stew.

Dell Quay Rd, Chichester PO20 7EE, www.crownandanchorchichester.com

6

THE RASHLEIGH INN, POLKERRIS

In diesem gemütlichen Pub mit seiner dunklen, rauen Holzverkleidung heißen die Biere Dartmoor Legend, Padstow Pride und Poldark Ale. Von der Terrasse aus überblickt man den halbmondförmigen Strand mit Fischerbooten, Rockpools und Badegästen. Wenn die Sonne untergeht, scheint das Wasser der Bucht von St Austell in Flammen zu stehen. Unbedingt probieren: Miesmuscheln aus dem River Fowey.

Polkerris, Par PL24 2T, www.therashleighinn.co.uk

Cornwall

FISCHER, SURFER UND PIRATEN

Zwei gegensätzliche Küsten prägen den äußersten Westen von Südengland. Im Norden brechen sich die Wellen des Atlantik an steilen Granitfelsen, im Süden liegt eine lieblichere Küste mit weiten Flussmündungen, prähistorischen Relikten und subtropischer Pflanzenwelt. Im Südwesten vorgelagert bilden die Isles of Scilly einen eigenen Archipel.

Blick über den Hafen von St Ives, an der Mündung des Hayle in die Keltische See gelegen.

Rechts: Unter den geodätischen Kuppeln des Eden Projects verbergen sich künstlich angelegte Naturparadiese.

Der Mythos lebt: Zwar gibt es keinen historischen Beleg dafür, dass in Tintagel, auf einem umbrandeten Felsen vor der Küste von Cornwall, wirklich jemand geboren wurde, der als König Artus in die Welt der Sagen eingehen sollte. Aber dafür wurden hier vor wenigen Jahren die Grundmauern eines Gebäudekomplexes aus dem 5. Jahrhundert freigelegt, die eine nicht minder spannende Geschichte erzählen. Es fanden sich Keramikscherben aus Konstantinopel und Nordafrika sowie Amphoren aus Rom und Griechenland, die vor rund 1500 Jahren mit Wein und Olivenöl gefüllt waren. Auf dem Artus-Felsen lebte eine gut situierte Dorfgemeinschaft unter einem reichen Fürsten, der mit dem Mittelmeerraum Handel trieb: Zinn gegen Luxusgüter. So verwundert es wenig, dass Tintagel in der Sagenwelt seinen Platz hat.

»KERNOW A'GAS DYNNERGH« STEHT AN DEN STRASSEN, WENN MAN NACH CORNWALL KOMMT. »WILLKOMMEN IN CORNWALL.«

»LIFE IS A BEACH«

Weiße Schaumkronen auf den Brandungswellen, feiner, goldgelber Sand zwischen den Zehen und immer Wind im Haar – das ist die kornische Nordküste. Es war nur eine Frage der Zeit, bis die Surfer Cornwall als Hotspot entdecken und mit ihrem gesunden Lifestyle Bierhallen und Frittenbuden verdrängen würden.

Nur wenige englische Orte haben in den letzten zwanzig Jahren eine so erfreuliche Wandlung durchgemacht wie Newquay. Zehntausende Surfer aus aller Welt finden sich jedes Jahr hier ein, um die perfekte Welle zu reiten. Mit sieben Stränden kann das Städtchen aufwarten, und an den Sommerwochenenden fühlt sich das manchmal so an wie Kalifornien. Die Atmosphäre ist jung und gelassen, die Cafés sind farbenfroh und veganerfreundlich; innovative Geschäftsideen sprießen in Garagen und Hinterhöfen, die doch nie mehr als fünf Fußminuten entfernt

Oben: Surferfreuden am Fistral Beach in Newquay.

Unten: Souvenirladen und Spielzeugmuseum in Tintagel.

Oben: Mythisches Cornwall. Auf einem Felsen vor der Küste bei Tintagel wurde der Legende nach König Artus geboren.

Links: Old Post Office in der Fore Street in Tintagel.

MOUNTAIN WAREHOUSE

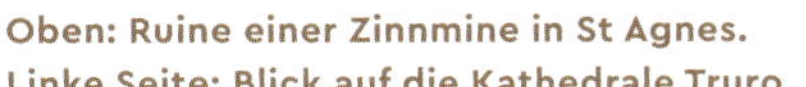

Oben: Ruine einer Zinnmine in St Agnes.
Linke Seite: Blick auf die Kathedrale Truro.

Café Uneeka in der Boscawen Street: »Relax and enjoy the best cup of coffee in Truro.«

sind von atemberaubenden Ausblicken auf den Ozean. Auch wer nicht in der Lage ist, aus der Bauchlage auf sein schaukelndes Brett zu springen, kauft sich auf der Fore Street ein Motto-T-Shirt, um der Welt zu verkünden, was er in Newquay gelernt hat: »Life is a Beach«.

IM TIEFSTEN SÜDEN

Cornwall wartet auch mit dem südlichsten Punkt Englands auf: The Lizard. Verträumte Straßen winden sich auf der Halbinsel entlang der Küste und fallen zwischen schroffen Felsen zu kleinen Buchten und noch kleineren Fischerdörfern hin ab.

Gut zu Fuß sollte sein, wer Kynance Cove erreichen will, die Ikone unter den kornischen Stränden. Vom Parkplatz aus muss man Picknickkörbe und Bellyboards über einen halben Kilometer tragen. Aber es lohnt sich. Der schmalen Bucht vorgelagert sind Felsen, einer spitz wie eine Spindel, ein anderer rund wie ein Schildkrötenpanzer. Von der Höhe aus sehen sie aus wie zufällig hingeworfen, gerade so, als hätte Gott doch einmal gewürfelt. Am Strand von Cadgwith flicken Fischer ihre Netze, ein langes Ruderboot wird von jungen Menschen in Schwimmwesten mit erstaunlich schnellen Schlägen in die Brandung hinaus gerudert. Sie trainieren für die Lifeboat-Weltmeisterschaft – auch so etwas gibt es.

DER GERECHTE HANDEL

In Cadgwith geht das Gerücht um, dass durch den Brexit eine weitere Tradition Cornwalls wiederbelebt werden könnte: der Schmuggel. Obwohl es Schmug-

Bunt und schön: Kulturfestival in Penzance.

ZWEISPRACHIGES CORNWALL

Wem entgangen sein sollte, dass er gerade den Grenzfluss Tamar nach Cornwall überquert hat, der merkt es an den zweisprachigen Ortsschildern: in Englisch und Kornisch.

Das Kornische ist eine dem Walisischen und Bretonischen nahe verwandte keltische Sprache, die auf jene Sprache zurückgeht, die schon vor der Invasion der Römer auf den britischen Inseln gesprochen wurde.

Ab dem 14. Jahrhundert immer mehr vom Englischen verdrängt, galt diese alte keltische Sprache um die Wende zum 19. Jahrhundert als ausgestorben. Mithilfe alter Texte konnte sie jedoch im 20. Jahrhundert »wiederbelebt« werden – in einer modernen Version als »Unified Cornish«. »Willkommen in Cornwall« heißt zum Beispiel »Kernow a'gas Dynnergh«. Heute gibt es wieder einige Hundert aktive Kornischsprecher – und viele weitere, die Kornisch als Zweitsprache nutzen.

gel überall entlang der englischen Küste gab, sind Cornwalls Schmugglernester besonders berüchtigt. Dass die Dörfer, eingebettet in die zerklüftete Felsküste, schwer zugänglich sind, machte sie für die Obrigkeit schlecht kontrollierbar. Die vielen Höhlen, in denen Waren versteckt und zwischengelagert werden konnten, waren sicherlich ebenfalls hilfreich.

Interessanterweise nennt man Schmuggeln in Cornwall »fair trading«. Die lange Geschichte dieses »gerechten Handels« ist untrennbar mit dem Zinnabbau verbunden. Bergleute, die es schafften, Zinn aus der Mine zu schmuggeln, verkauften ihn an Schwarzmarkthändler, die wiederum Fischer dafür bezahlten, das wertvolle Metall aufs Festland zu verschiffen. Diese *fair traders* waren durchaus angesehene Männer – manche von ihnen wurden Bürgermeister, manche Helden. In der kleinen Bucht von Prussia, nahe Land's End, lebte und schmuggelte die berühmte Familie Carter, Mutter, Vater, sechs Söhne und zwei Töchter. Seine Zeitgenossen nannten John Carter ehrfürchtig und doppeldeutig the »King of Prussia«, den König von Preußen.

DIE BUCHT MIT DEM BERG

Ein magischer Anblick ist St Michael's Mount, ob in Sturm oder Regen, bei Sonnenaufgang oder Vollmond. Der burgbewehrte Felsen vor Marazion ist eine Gezeiteninsel. Bei Ebbe geht man den halben Kilometer auf einem gepflasterten Weg übers Watt, bei Flut nimmt man das Boot. Von den Terrassen und Türmen der Burg aus hat man wundervolle Ausblicke über die weite Bucht. Aber erst, wenn der Besucher seinen Blick sehr konzentriert nach Süden richtet, erkennt er die besondere strategische Bedeutung des St Michael's Mount: Von hier aus kann man die Westspitze der Bretagne sehen. Dies sollte sich für die Geschichte Englands als entscheidend erweisen, denn am 31. Juli 1588 sahen die Wachposten hier die ersten Schiffe der Spanischen Armada in den englischen Kanal einbiegen. Eine bereits vorbereitete Kette von Leuchtfeuern sorgte dafür, dass die englische Admiralität schon längst mit ihren Schiffen den Hafen von Plymouth verlassen hatte, als die Spanier den Überraschungsmoment noch auf ihrer Seite wähnten. England gewann die Schlacht gegen den übermächtigen Feind, und Spaniens Tage als bedeutendste Seemacht waren gezählt.

»ERST WENN DER BESUCHER SEINEN BLICK NACH SÜDEN RICHTET, ERKENNT ER DIE STRATEGISCHE BEDEUTUNG.«

KUNST UND KÜSTE

Kreative, die sich von dem besonderen Licht und der wilden Landschaft inspirieren lassen, sind in ganz Cornwall in hoher Dichte anzutreffen, aber St Ives ist ihre Hochburg. Seit im Jahr 1877 die Eisenbahn den Fischereihafen erreichte, kamen die großen eng-

Umzug beim jährlich in der zweiten Junihälfte zur Sommersonnenwende gefeierten Golowan Festival in Penzance.

Links: historisches Künstleratelier am Porthmeor Beach. Rechts: Historische Lotsen-ruderboote zwischen St Michael's Mount und Festland.

Im Hafen von St Ives: Das besondere Flair dieses verwinkelten Fischerdorfes zog schon früh auch viele Maler an.

Baywatch am Porthmeor Beach, einem der beiden Stadtstrände von St Ives.

Anlegestelle für die Fährboote auf St Martin's, der nördlichsten Scilly-Insel.

Ideal zum Wandern ist das milde Klima auf St. Martin's – hier mit Blick auf die Great Bay.

lischen Landschaftsmaler wie William Turner und James Whistler sowie auf ihren Spuren Scharen von Nachahmern und Kunstliebhabern. So säumen noch heute die Gassen des alten Hafenviertels Kunstgalerien, Ateliers und Töpferwerkstätten.

Inspiration findet der Kunstinteressierte auch im bedeutendsten Kunstmuseum Cornwalls: Der Ableger der Londoner Tate Gallery liegt in St Ives etwas abseits des Hafens mit unverstelltem Blick auf das Meer. Auf dem Weg dorthin schlendert man an Muschelhändlern und Antiquariaten vorbei; in den Durchgängen und Hinterhöfen hängt die bunte Vielfalt der Neoprenanzüge zum Trocknen.

DIE ENDEN DES LANDES

Wer durch Südengland immer weiter nach Westen reist, steht irgendwann am Rand eines schroffen Felsens und sieht vor sich nur noch die Weiten des Atlantiks: Land's End. Hier endet zwar die englische Landmasse, aber Cornwall reicht noch weiter. Denn keine 50 Kilometer vor dem westlichsten Zipfel ragen die Scilly-Inseln aus den warmen Wassern des Golfstroms. Am Ende der letzten Kaltzeit waren sie noch eine große Insel, doch im Lauf der Jahrtausende stieg der Meeresspiegel durch das Abschmelzen der Gletscher – über die Hälfte der Landmasse verschwand unter Wasser.

Trotz des milden Klimas und der freundlichen Atmosphäre scheint die Scilly-Inseln ein Geheimnis zu umwehen. Bei Ebbe werden die Überreste neolithischer Gräber sichtbar – auf dem Meeresgrund liegen tausend Jahre Schifffahrtsgeschichte.

A TOMB WITH A VIEW

Bant's Carn wird das bronzezeitliche Grab genannt, das umgeben von Farn und Heidekraut auf einem Hügel am nordwestlichen Küstenabschnitt von St Mary's liegt.

Der besondere Zauber des Ortes liegt in seiner luxuriösen Aussicht begründet: Von hier aus blickt man auf die Segelboote, die vor den nördlicheren Inseln, Samson, Tresco und Saint Martin's, kreuzen. Bant's Carn stammt aus der frühen Zeit der Besiedelung von Scilly, wurde vielleicht schon 2500 v. Chr. errichtet. Die monolithische Anlage mit einer sechs mal acht Meter großen Kammer wird bedeckt von vier Steinplatten, umfangen von einem Steinring und hat einen kurzen, aber klar markierten Ritualweg, der von Osten in die Grabanlage führt.

Scherbenfunde aus verschiedenen Epochen deuten darauf hin, dass hier über Jahrhunderte hinweg menschliche Überreste in Urnen beigesetzt wurden.

80 solcher »Entrance graves« können noch heute auf den Scilly-Inseln nachgewiesen werden. Ein »Gräber-Ausflug« oder eine geführte Tour ist auf den Scilly-Inseln schon deshalb lohnenswert, weil viele der Gräber an erhöhten Punkten errichtet wurden und heute grandiose Aussichten über die nahe Küste bieten.

Dem Maler Stephen Morris gehört die Glandore Gallery auf St Mary's, der größten Insel des Archipels.

Im Hafen von Hugh Town, dem Hauptort von St Mary's, dümpeln Fischerboote auf den Wellen.

Die Abbey Gardens auf der Scilly-Insel Tresco sind ein subtropisches Naturparadies mit Palmen und leuchtenden Blumenteppichen.

Surfen und Yoga

KÖRPERBEHERRSCHUNG IN FERN-WEST

In Cornwall schießen Yoga-Studios und Retreats wie Pilze aus dem Boden. Das liegt an der »spirituellen Aufladung« des sagenumwobenen Landes – und an den Surfern.

Im Einklang von Körper und Geist: Jen Harvey, die Mitbegründerin des Oceanflow-Yogastudios am Fistral Beach in Newquay.

Die Sonne geht unter am Fistral Beach in Newquay, und gut 200 Menschen bewegen sich mehr oder weniger synchron mit Blick auf das Wasser. Sie neigen, biegen und wiegen sich, als tanzten sie gemeinsam zur gleichen Musik, aber zu hören sind nur die Schreie der Möwen.

Das ist Silent Disco Yoga. »Jeder Teilnehmer hört über sein Headset den Discosound und meine Anweisungen«, erklärt die Yoga-Lehrerin Jen Harvey. »Jeder ist ganz für sich mit seinen eigenen Erfahrungen und gleichzeitig Teil eines Ganzen. Es ist eine fantastische Erfahrung.«

Sehr beliebt sind auch die Sessions, die sie mehrmals im Jahr im mediterranen Biom unter den Kuppeln des Eden Projects abhält.

SPONTAN AUFS BOARD

Jen und Tom Harvey haben zusammen das Oceanflow-Yogastudio gegründet. Vom Balkon des Übungsraumes aus schaut man auf die gezackte Küstenlinie und Fistral Beach, wo Dutzende von Surferinnen und Surfern durch die Brandung paddeln und auf die perfekte Welle warten.

»Surfen und Yoga passen gut zusammen«, erklärt der mehr als zwei Meter große Tom, den alle nur »Stretch« nennen, »denn beides erfordert Körperbeherrschung, Balance und Geduld.«

Surflehrer berichten, dass Menschen, die regelmäßig Yoga praktizieren, schneller lernen, auf einem Surfboard zum Stehen zu kommen.

Stretch muss es wissen, denn er kam über das Surfen zum Yoga.

Seine Ausbildung zum Yoga-Lehrer machte er – nicht ganz typisch – in Costa Rica. Dann kehrte er in seine Heimat zurück, um ein Leben zu finden, das es ihm ermöglichte, bei einem guten Wellengang spontan aufs Board springen zu können.

NACH INNEN FOKUSSIERT

Zehn Lehrer beschäftigt das Oceanflow-Yogastudio mittlerweile, die unterschiedliche Arten von Yoga lehren: das fließende, aber anstrengende Ashtanga Yoga, das präzise, heilende Iyengar Yoga und noch viele weitere moderne Varianten.

Tom selbst unterrichtet besonders gerne Anfänger und – eine Spezialität des Studios – Hot Yoga. Dafür hat er extra im Keller des Hauses einen Raum eingerichtet, der schnell auf 40 °C und mehr aufgeheizt werden

Silent Disco Yoga am Fistral Beach: mit wummernden Bässen im Kopf – und einem sehr guten Gefühl im Bauch – ganz auf das Wesentliche fokussiert.

kann. Hier sind auch die leichten Übungen schweißtreibend. Das fördert die Beweglichkeit des Körpers und seine Entgiftung. »It's womb-like«, erklärt er: Man fühlt sich wie im Bauch und fokussiert sich noch intensiver nach innen.

FREUNDLICH UND UNKOMPLIZIERT

Immer mehr Yoga-Lehrer aus aller Welt zieht es an die Küsten von Cornwall. Sie sind ein entscheidender Teil der Veränderung, die in den letzten zehn Jahren aus dem Landstrich, mit dem die Welt bestenfalls Fischerdörfer und Steinkreise assoziierte, eine der hippsten Adressen für gesunden und lässigen Lebensstil gemacht hat.

Die Bevölkerung macht genauso begeistert mit wie die Touristen. In den meisten Studios kann man auch als Reisender spontan eine Stunde buchen – freundlich und unkompliziert wie im Oceanflow.

»Yoga ist eine solche Bereicherung für Körper und Seele, da wollen wir so viele Menschen wie möglich erreichen«, sagt Stretch. Er und sein Team arbeiten an einer Erweiterung des Studios und wollen zukünftig auch Übernachtungsmöglichkeiten anbieten. Denn mehrtägige Retreats, in denen Yoga mit Meditation, Wandern, Surfen oder Kochen kombiniert wird, werden auch hier in Fern-West immer beliebter.

FAKTEN & INFORMATIONEN

BESICHTIGUNG & FÜHRUNG

Yoga-Studios nahe dem Urlaubsort findet man z.B. unter www.yogahub.co.uk. Eine gute Übersicht über Retreats bietet www.bookyogaretreats.com. Das Oceanflow Yoga Studio (4 Gwelva Lowenek, Pentire Ave, Newquay, www.oceanflowyoga.co.uk) bietet wochentags Stunden bis 21.00 Uhr, am Wochenende vormittags. Wer Lust auf Yoga am Fistral Beach oder im Eden Project hat, bucht unter www.silentdiscoyoga.co.uk.

Maßstab 1:600.000
0
10km
Atlantic Ocean
Cornwall
Bude Bay
Bude
Stratton
Holsworthy
Coppathorne
Cambeak Point
Boscastle
Tintagel
Cornwall Coast
Launceston
Camelford
West Devon Mining Landscape
Tavistock
Brown Willy
Bodmin Moor
Colliford Lake Res.
Roadford Res.
Padstow Bay
Padstow
Wadebridge
Callington
Gunnislake
Bodmin
St. Columb Major
Liskeard
Saltash
Watergate Bay
Newquay
St. Columb Minor
Blackmoor
Lostwithiel
Torpoint
PLYMOUTH
Whitsand Bay
Rame Head
Perranporth
St. Austell
Fowey
Saint Agnes
Cornwall Coast
Truro
St Austell Bay
Mevagissey
St Ives Bay
Saint Ives
Camborne
Redruth
Dodman Point
Carbis Bay
Hayle
Penryn
Saint Mawes
Penzance
Marazion
Cornwall Mining Landscape
Falmouth
Falmouth Bay
Cape Cornwall
St Just
Helston
Porthleven
Land's End
Logan Rock
Mount's Bay
Manacle Point
Lizard Peninsula
Mullion
Mullion Cove
Black Head
Lizard Point
Seven Stones
Bryher
St Martin's
Tresco
St Mary's
Isles of Scilly
St Agnes

WRACKTAUCHER, WELLENREITER

Dank des Golfstroms kommt der Frühling in England immer zuerst nach Cornwall. Die raue Schönheit seiner gezeitenstarken Küste, seiner heckengesäumten Sträßchen und seiner Heidelandschaft locken den Reisenden.

TINTAGEL

Der kleine Ort (2000 Einw.) lebt vom Artus-Mythos, denn auf der Burg vor der Küste soll der sagenhafte König geboren sein.

SEHENSWERT
Eine schwindelerregende Fußgängerbrücke macht den meerumtosten **Felsen** und seine **Ruinen** besser zugänglich: Gralssucher, Romantiker und Wanderer tummeln sich hier (April–Sept. tgl. 10.00 bis 18.00 Uhr, sonst verkürzt, www.english-heritage.org.uk/tintagel).

HOTEL
Einige Zimmer des stilvollen B&B **€€ The Avalon** Hotel haben einen grandiosen Blick auf Tintagels Felsenlandschaft (Atlantic Road, www.the-avalon-guest-house-tintagel.hotelmix.co.uk).

INFORMATION
Tintagel Visitor Centre, Bossiney Rd, Tintagel PL34 0AJ

NEWQUAY

Die Surfer- und Touristenhochburg (19 500 Einw.) ist stolz auf ihre sieben Strände und das lässigste Lebensgefühl in ganz Cornwall.

SEHENSWERT
Das **Bluereef Aquarium** zeigt Unterwasserwelten von der kornischen Küste bis zur Karibik – Haie und Riesenkraken eingeschlossen (Towan Promenade, www.bluereefaquarium.co.uk/newquay).

HOTELS UND RESTAURANTS
Das atemberaubende **€€€€ The Headland Hotel and Spa** auf einer Landzunge glänzt mit seiner Pool-Landschaft und fabelhaften Ausblicken nach allen Seiten (Headland Road, www.headlandhotel.co.uk). Im preisgekrönten Restaurant **€€€–€€€€ Samphire** werden kulinarische Kunstwerke kreiert.

Im **Café Cloud** ist der Kuchen lecker und der Himmel auch an Regentagen blau – dank Deckengemälde (54 Fore Street). Abends vergnügt man sich in der **Whiskers Bar** bei Live Music Acts (5–7 Gover Lane, www.whiskersnewquay.co.uk).

INFORMATION
Newquay Tourist Information Centre, Marcus Hill, Newquay TR7 1BD, www.visitnewquay.org

TRURO

Truro (19 000 Einw.) ist Cornwalls einzige Stadt, die sich als »City« bezeichnet. Hohe Metallpreise machten die Stadt im 18./19. Jh. reich.

SEHENSWERT/MUSEEN
Cornwall bekam erst 1878 einen eigenen Bischof, weshalb die **Kathedrale** von Truro (beg. 1880) die mit Abstand jüngste auf den Britischen Inseln ist. Formal orientierte man sich an großen Vorbildern wie Lincoln und Wells Cathedral (City Centre, Mo.–Sa. 10.00–17.00, So. 11.30–16.00 Uhr, www.trurocathedral.org.uk). Von den neogotischen Türmen der Kathedrale dominiert werden die beiden Flaniermeilen **Georgian** und **Regency Street**. Die georgianischen Palais entlang der **Lemon Street** erzählen von Truros besten Zeiten.

Das **Royal Cornwall Museum** zeigt in modernen Mix-Media-Ausstellungen ein Sammelsurium von Sammlungen: Mineralien, alt-ägyptische Kunst, Kunsthandwerk und archäologische Funde aus Cornwall – für jeden etwas (River Street, www.royalcornwallmuseum.org.uk, 10.00–16.00 Uhr, So. und Mo.geschl.).

Von regionalen Leckereien über cornisches Meersalt bis zu Hundeaccessoires – auf dem **Truro Farmers Market** findet man fast alles (Lemon Quay, TR1 2LW, Mi. und Sa. 9.00–16.00 Uhr, www.trurofarmers.co.uk).

HOTEL UND RESTAURANT
»Das Geheimnis der Stadt« wird das Hotel **€€–€€€ The Alverton** genannt, weil das denkmalgeschützte Anwesen aus dem 18.Jh. zwar inmitten blühender Gärten und doch fußläufig zur Kathedrale liegt (Tregolls Road, www.thealverton.co.uk).

Im **€€–€€€ Hooked!** kann man dem Chefkoch Rob Duncan in der offenen Küche zusehen, wie er Meeresfrüchte zubereitet (Tabernacle Street, www.hookedrestaurantandbar.co.uk).

UMGEBUNG
Die feinen, ruhigen **Trelissick Gardens** erlauben einzigartige Aussichten über die Wasserarme der Carrick Roads bis hin zum Hafen von Falmouth (Feock, Truro TR3 6QL, Mitte Feb.–Anf. Nov. 10.00 bis 17.00, im Winter 10.00–16.30 Uhr, www.nationaltrust.org.uk/trelissick).

Suptropische Pracht erkunden: in den Lost Gardens of Heligan bei St Austell.

INFORMATION
Truro Information Centre, 30 Boscawen St, Truro TR1 2QQ, www.visittruro.org.uk

ST AUSTELL

Trotz der idyllischen Lage und den engen Gässchen mit Kopfsteinpflaster war und ist St Austell (20 000 Einw.) immer noch geprägt von Handel und Industrie, erst vom Zinn, später dann von der Porzellanerde.

SEHENSWERT/MUSEEN
Die **St Austell Brewery**, Cornwalls ältester Brauerei-Familienbetrieb, bietet Führungen und Verköstigungen (63 Trevarthian Rd, www.staustellbrewery.co.uk). Über den milliardenschweren Industriezweig des Koalin, das in Geschirr genauso steckt wie in Zahnpasta, informiert das **Wheal Martyn China Clay Museum** (www.wheal-martyn.com).

UMGEBUNG
Die geodätischen Kuppeln des **Eden Project** (5 km nordöstl.) beherbergen die Pflanzenwelt der ganzen Welt und locken jedes Jahr eine Million Besucher an (Bodelva PL24 2SG, Ostern–Okt. tgl. 10.00–18.00 Uhr, www.edenproject.com).

Mehr als 400 Jahre lang war **Heligan** (11 km südwestl.) der Sitz der Familie Tremayne, bevor die Gärten von Brombeerhecken überwuchert wurden. Erst im Jahr 1991 wurde die subtropische Pracht von Botanikern und Gartenhistorikern zu den **Lost Gardens of Heligan** restauriert (Pentewan PL26 6EN, April–Sept. tgl. 10.00–18.00, Okt.–März. 10.00–17.00 Uhr, www.heligan.com).

INFORMATION
St Austell Tourism Information Centre
By Pass Service Station, Southbourne Rd, St Austell PL25 4RS, www.staustellbay.co.uk

THE LIZARD

Die Halbinsel mit ihren verträumt wirkenden Serpentinenstraßen war lange Zeit ausschließlich agrarisch geprägt. Doch dann entdeckten die

Das Idyll hat einen Namen: Cadgwith, ein Fischerdorf auf der Halbinsel Lizard.

Tourismuswerber Fischerdörfer wie Cadgwith, Schmugglerhöhlen und den Leuchtturm am südlichsten Punkt von England.

SEHENSWERT/MUSEEN

Der **Lizard-Leuchtturm** markiert schon seit 1752 den südlichsten Punkt des englischen Festlandes (3 Lighthouse Road, tgl. 9.00–17.00 Uhr, www.trinityhouse.co.uk/lighthouses-and-lightvessels/lizard-lighthouse). Besonders lohnend ist ein Spaziergang nach Sonnenuntergang!

Der Strand von **Kynance Cove** gilt als einer der schönsten der Welt: Weißer Sand, türkises Wasser und spektakuläre Felseninseln ziehen schon seit Jahrhunderten Abenteurer, Künstler und Poeten an (Gezeiteninfo unter www.cornwallbeaches.co.uk).

Der Strand von **Gunwalloe Church Cove** bietet neben Brandung und Felsen noch ein ganz besonderes Fotomotiv: Eine mittelalterliche Kirche, die sich tapfer dagegen wehrt, von den Dünen verschluckt zu werden.

Was fürs Herz ist die Robbenaufzuchtstation des **Sea Life Trust** (Gweek, TR12 6UG, tgl. 10.00–17.00 Uhr, www.sealsanctuary.sealifetrust.org).

HOTELS UND RESTAURANTS

Modern und luxuriös zugleich präsentiert sich das **€€€ Polurrian on the Lizard Hotel** mit Restaurant, Kinosaal, ausgedehntem Spa und maritimen Ausblicken über den South West CoastPath (Polurrian Road, www.polurrianhotel.com).

Der südlichste Pub Großbritanniens ist das **€€ Witchball**. Berühmt-berüchtigt für seine enorme Schärfe: der Voodoo-Burger (Lighthouse Road).

INFORMATION

Visit Helston, The Guildhall, Church St, Helston TR13 8SZ, https://discoverhelston.co.uk

Dass Penzance (21000 Einw.) einst ein Fischerdorf war, erkennt man noch an den zahlreichen Trawlern im Hafen. Die Geschäftsstraße mit dem merkwürdigen Namen Market Jew Street zieht sich in einem weiten Bogen vom Kai den Hügel hinauf bis zur gekuppelten Market Hall.

SEHENSWERT

Die **Chapel Street** bietet einen wilden Fassadenmix und Antiquitäten jeder Preisklasse. Keinesfalls übersehen: die quietschbunte Fassade des **Egyptian House** und die lebensgroße Piratenfigur auf dem Dach des **Admiral Benbow Pub**. Letzterer ist einer der ältesten Pubs Englands und ein Schauplatz in Stephensons Schatzinsel. **Morrab Gardens** ist ein öffentlicher Park mit subtropischer Vegetation mitten in der Stadt.

HOTELS

Ein elisabethanisches Herrenhaus mit gestutzten Buchshecken ist das **€€€ Trereife House B&B** (www.facebook.com/Trereife). Auch romantische Ferienwohnungen stehen zur Verfügung.

Hell und freundlich wohnt es sich im **€€€ Hotel Ship Inn** (S Cliff, Mousehole, www.shipinnmousehole.co.uk) mit Blick auf die bunten Boote im Hafen.

RESTAURANTS

Fischgerichte isst man hervorragend und günstig zugleich im **€-€€ Senara** (Penwith College, St Clare Street, www.truro-penwith.ac.uk/penwith/senara-restaurant-penwith) sowie im **€€€-€€€€ The Shore Restaurant**, in dem man Gaumenfreude und Augenschmaus zu vereinen weiß (13–14 Alverton Street, www.theshore restaurant.uk, unbedingt online reservieren).

Kaffee, Kuchen und Snacks gibt es im farbenfrohen **€€ The Singing Rooster** (39 Causewayhead, www.thesingingrooster.co.uk).

UMGEBUNG

Mousehole verdankt seinen Namen mit Sicherheit seiner Zufahrt: Eine sehr schmale, von Bäumen beschattete Straße führt hinunter zum Hafen. Niedrige Cottages mit winzigen, von Fuchsien überschwemmten Gärten säumen die schmalen Serpentinenstraßen hinunter zum Hafen.

St Michael's Mount, ein burgbekrönter Felsen in der weiten Mount's Bay, war in vorchristlicher Zeit ein bedeutender Zinnhafen, dann Pilgerkirche, Benediktinerabtei, Festung und Schloss. Bei Ebbe erreicht man den Felsen über einen gepflasterten Weg, bei Flut nur mit dem Boot (Marazion Harbour, variierende Öffnungszeiten, siehe www.stmichaelsmount.co.uk).

INFORMATION

Penzance Tourist Information Centre, Station Road, Penzance TR18 2NF, www.purelypenzance.co.uk

7 **St Ives** (11200 Einw.) hat weiße, gepflegte Strände und eine dementsprechend lebhafte Wassersportkultur, aber seinen Ruf verdankt der ehemalige Fischerhafen der Kunst. 1928 gründeten Ben Nicholson, Christopher Wood und Alfred Wallis hier eine Künstlerkolonie, 1993 eröffnete die Tate Gallery eine Dependance.

MUSEEN UND GALLERIEN

Moderne und zeitgenössische Abstraktion ist in der lichtdurchfluteten Rotunde und weiteren Ausstellungshallen der **Tate St Ives** zu bewundern. Wechselausstellungen, Kooperationen und Performances (sogar am Strand, wenn man Glück hat) tragen entscheidend zum guten Ruf von St Ives als Stadt der Künste bei (Porthmeor Beach, März–Okt. tgl. 10.00–17.20 Uhr, sonst Di. bis So. 10.00–16.20 Uhr, www.tate.org.uk/stives).

Im **Barbara Hepworth Museum and Sculpture Garden** erlebt der Besucher die Skulpturen aus Holz, Stein, Gips und Bronze im Wechselspiel mit kunstvoll arrangierten Pflanzen in Haus, Atelier und Garten der Künstlerin (1903–1975), die als Wegbereiterin der abstrakten Plastik in Großbritannien gilt (Barnoon Hill, Mo.–So. 10.00–17.20 Uhr, www.tate.org.uk/visit/tate-st-ives/barbara-hepworth-museum-and-sculpture-garden).

Kornische Landschaftsmotive löst der Maler Steve Crossley in farblich delikat abgestimmten Tropfen- und Blasenformen auf und stellt sie in seiner eigenen Galerie aus: **Two Seasons Gallery** (Porthgwidden Beach, tgl. 10.30–16.30 Uhr, www.twoseasonsgallery.com).

Das **Leach Pottery Museum** zeigt die Töpferarbeiten von Bernard Leach und Weggefährten. Mit Verkauf und Töpferkursen (Higher Stennak, Mo.–Sa. 10.00–17.00, So. 9.00–17.00 Uhr, www.leachpottery.com).

HOTELS UND RESTAURANTS

Mit moderner Gemütlichkeit direkt am Hafen punktet das **€€€ Lifeboat Inn**. Nur die recht niedrigen Decken erinnern daran, dass das Haus schon einige Jahre auf dem Buckel hat (Wharf Road, www.lifeboatinnstives.co.uk).

Im **€€€-€€€€ Una St Ives** wohnt man etwas abseits des Trubels in großzügigen Lodges mit Holzöfen und eigenem Whirlpool (Laity Lane, Carbis Bay, www.unastives.co.uk).

Einfache, aber delikate Fischgerichte bietet **€-€€ Harbour Fish&Chips** (Wharf Road, www.harbourfishandchips.co.uk) auch zum Mitnehmen. Am besten schmeckt der gebackene Fisch (unbedingt mit Vinegar!), während man die Füße von der Kaimauer baumeln lässt.

Ein verstecktes Juwel ist die **€€ Una Kitchen** im gleichnamigen Ressort (Laity Lane, Carbis Bay,

MÊN-AN-TOL

Der Steinring mit den aufrechten Dolmen ist ein beliebtes Postkartenmotiv, aber die meisten Reisenden verpassen ihn doch. Denn es gibt keinen Parkplatz und kein Kassenhäuschen. Vor 3000 Jahren war das Ensemble Teil eines Steinkreises – der Ringstein könnte eine Peilvorrichtung gewesen sein in Richtung Sonnenwende. Es gibt viele Legenden von Heilungsritualen: Mehrmals durch den Ring klettern soll gegen Rückenschmerzen und bei Unfruchtbarkeit helfen.

Schotterbucht links der Straße zwischen Morvah und Penzance. Hier beginnt der Wanderweg zwischen farnbewachsenen Wällen. Mên-an-Tol liegt zur Rechten.

www.unastives.co.uk). Die mediterran inspirierten Gerichte werden vor den Augen der Gäste auf dem Holzofen zubereitet.

UMGEBUNG
Zennor (ca. 9 km südwestl.) ist ein perfektes kornisches Dorf mit Fuchsienkübeln vor Bruchsteinfassaden und der einzigen Meerjungfrau, die es in England in eine Kirche geschafft hat, nämlich als mittelalterliche Holzskulptur an einer Stuhlwange. In leichten Spaziergängen erreicht man ein keltisches Portalgrab (**Zennor Quoit**) auf dem Moor und die beeindruckende Ruine eines Zinnschmelzhauses mit herrlichem Blick auf die wilde Küste.

Die längste Zeit wurde der westlichste Punkt des englischen Festlandes für seine Stille, Verlassenheit und Schroffheit gepriesen. Heute ist **8 Land's End** ein Themenpark mit Coffee Shop und Streichelzoo. Um die Abgeschiedenheit zu spüren, wandert man auf dem South-West Coast Path Richtung Sennen Cove. Knapp 21 km südwestl. davon ist das **Minnack Theatre** an der Porthcurno Bay ein nach altgriechischem Vorbild in den Fels gehauenes Theaterrund mit tollem Meerblick (www.minack.com).

INFORMATION
Visit St Ives Information Centre,
Library, Gabriel St, St Ives TR26 2LS,
www.stives-cornwall.co.uk

9 ISLES OF SCILLY

Segeln, Golfen, Windsurfen und Wracktauchen sind die beliebtesten Freizeitbeschäftgungen auf den über hundert kleinen Inseln, die vor 4000 Jahren eine zusammenhängende Landmasse waren und von denen heute nur noch die fünf Hauptinseln Bryher, St Agnes, St Martin's, St Mary's und Tresco bewohnt sind. Als »echte Engländer« sind die Scillonier natürlich auch Fußballfans. Ihre Liga ist mit zwei Vereinen die kleinste der Welt. Mit dem Flugzeug, dem Skybus, erreicht man von Newquay, Land's End oder Exeter aus die größte der Scilly-Inseln, St Mary's. Zwischen St Mary Harbour und Penzance besteht eine Fährverbindung, die knapp drei Stunden dauert. PKW werden nicht transportiert. Möglich ist auch eine Kombination, Fly&Sail (www.islesofscilly-travel.co.uk).

SEHENSWERT/ERLEBEN
Rund 20 000 Pflanzenarten aus über 80 Ländern haben ihr Zuhause in den **Tresco Abbey Gardens** gefunden (Tresco, tgl. 10.00–16.00 Uhr, www.tresco.co.uk/enjoying/abbey-garden). Gut 8000 Jahre Archäologie und Geschichte erklärt Kathrine Sawyer von **Scilly Walks** bei Vorträgen, Bootstouren und Wanderungen (Alegria, High Lanes, St Mary's, www.scillywalks.co.uk).

HOTELS UND RESTAURANTS
Elegante Zimmer, zwei Restaurants, ein Hallenbad und Wein vom eigenen Weinberg sorgen im **€€€€ Star Castle Hotel** für ein besonderes Erlebnis (Garrison Walls, Hugh Town, St Mary's, https://star-castle.co.uk).

INFORMATION
Tourist Information Centre,
Porthcressa Bank, Hugh Town, St Mary's
TR21 0LW, www.visitislesofscilly.com

CRABBING – BEOBACHTEN UND FANGEN

Fürs Crabbing benötigt man nur eine bescheidene Ausrüstung – Netz, Schnur, Eimer –, und es ist ein Mordsspaß! Denn dazu gehört nicht nur das Krabbenfangen, sondern vor allem das Beobachten. Wenn es sich reckt und mit den Scheren klappert, kann so ein handtellergroßes Tier ganz schön beeindruckend sein.

Als zäher Allesfresser ist die Gemeine Strandkrabbe (Carcinus maenas) an den meisten Küsten der Welt nicht gern gesehen, aber in Cornwall war sie auch ursprünglich heimisch und garantierte der ärmeren Bevölkerung stets eine nahrhafte Mahlzeit. Zudem gehört sie neben dem Wattwurm (Arenicola marina), der Gemeinen Herzmuschel (Cerastoderma edule), der Gemeinen Wattschnecke (Hydrobia ulvae) und derNordseegarnele (Crangon crangon) zu den »Small Five« – den fünf bedeutsamsten Tieren im Wattenmeer, die wesentlich zum Umsatz von Biomasse beitragen und auch eine wichtige Nahrungsgrundlage für Vögel und Fische sind.

An der Kaimauer in Looe: Aufgeschreckte Krabben nehmen eine Drohhaltung ein und bäumen sich auf. Seien Sie vorsichtig: Auch die kleineren Exemplare können ganz schön zwicken!

Nicht nur Kinder und Jugendliche sind am Wasser mit Kescher oder Netz unterwegs, um ihre Eimer mit Krabben zu füllen. In den tiefen Felssenken von Whitsand Bay zum Beispiel, die sich auch bei Ebbe nicht leeren, geht oft ein guter Fang ins Netz. Aber Krabben kann man auch angeln: Man hebt sich vom englischen Frühstück ein Stückchen Speck auf, bindet es an eine Schnur, hängt sie für fünf Minuten ins Wasser, holt die Schnur, sobald sie sich schwer anfühlt, vorsichtig ein – manchmal fängt man sogar mehrere auf einmal.

Die schalenförmigen **Krabbennetze** an der Schnur gibt es an fast jedem strandnahen Kiosk für wenige Pfund. **Whitsand Bay** liegt eine Autostunde östlich von St Austell. Wer am Strand weniger Glück hat, versucht es mal auf der Kaimauer des nahe gelegenen Örtchens **Looe**: Diese gilt bei den Einheimischen als Hotspot fürs Crabbing.

Devon

*

STRANDCAFÉS UND WILDE PONYS

*

In Devon wechseln sich schroffe Steilküsten mit weiten Flussmündungen ab. Fassaden aus gelbem Sandstein strahlen neben Cottages aus dunklem Schiefer. Badespaß und einsame Wanderungen sind hier am selben Tag zu haben, denn die sonnigen Strände der »englischen Riviera« liegen nicht weit vom sagenumwobenen Hochmoor von Dartmoor.

Wandern im Dartmoor National Park – mit 953 Quadratkilometer Fläche eines der größten Naturschutzgebiete Europas.

Das bei Lynton gelegene Valley of the Rocks ist eine faszinierende Felsenlandschaft am Meer.

Rechts: Volldampf voraus – mit der im Mai 1898 als eigenständige Eisenbahnstrecke eröffneten Lynton & Barnstaple Railway.

Rechte Seite: Die beiden Nachbarorte Lynton und Lynmouth verbindet eine – die Schwerkraft als Antriebskraft nutzende – Wasserballastbahn, die Lynton and Lynmouth Cliff Railway.

Das Valley of the Rocks steigt nach Süden hin in einer sanft gewölbten Hohlkehle an, gen Norden aber erheben sich steile Felsen mit erstaunlich schroffen Spitzen, die auf der anderen Seite teilweise senkrecht ins Meer abfallen. Auf winzigen Plateaus grasen wilde Ziegen über der schäumenden Gischt, und der Wanderer tut gut daran, sich auf den schmalen Pfad zu konzentrieren, der ihn über den Grat führt. Selten finden sich das liebliche und das wilde England so nah beieinander.

ALTES, JUNGES EXETER

Die weite Mündung des River Exe mit ihren Marschen und locker bewaldeten Ufern ist heute ein Geheimtipp für Segler und Naturliebhaber. Bis weit ins 19. Jahrhundert hinein wurde die Fahrrinne des Flusses immer wieder erweitert und vertieft, um mit Zinn und Tuch beladene Handelsschiffe vom Kai von Exeter hinaus in die Welt zu bringen. Erst als im

»SELTEN FINDEN SICH DAS LIEBLICHE UND DAS WILDE ENGLAND SO NAH BEIEINANDER.«

Jahr 1840 die Eisenbahn kam, verlor Exeters Hafen mehr und mehr an Bedeutung.

Den innersten Stadtkern rund um die Kathedrale dominieren windschiefe Fachwerkhäuser. In manchen Pubs leerten schon Seeräuber ihre Krüge, nachdem sie eine spanische Galeone um das Gold der Neuen Welt erleichtert hatten. Die Stadtmauer geht noch auf die Römer zurück, die Fundamente der Burg datieren ins 11. Jahrhundert. Zugleich ist Exeter aber auch sehr modern: Die Stadt eignet sich zum Einkaufen genauso wie zum Feiern, denn sie ist eine der beliebtesten Studentenmetropolen Englands. Die »Red Guides«, Stadtführer in roten Mänteln, erzählen von Exeters Aufstieg zum bedeutendsten Handelsplatz im Südwesten, aber auch von den Bombardierungen der Luftwaffe im Zweiten Weltkrieg.

Rechts und unten: Unterwegs im Dartmoor National Park, dessen herbe Naturschönheiten auch gut hoch zu Ross erkundet werden können.

Rechts: Wetterfeste Kleidung empfiehlt sich hier auch im Sommer, denn die Atlantikwinde fegen mit beeindruckender Geschwindigkeit über das Granitplateau hinweg. Dem Regen folgt meist ein bunter Bogen über dem Land.

Frühlingsboten: Die blauen Glockenblumen werden im Englischen »Bluebells« genannt.

Kurze Verschnaufpause: Radsport-Enthusiasten im Dartmoor National Park.

AUF MÖRDERISCHEN SPUREN

Agatha Christie (1890–1976) ist die berühmteste Tochter der Stadt. In Torquay wurde sie geboren, hier verbrachte sie ihre Kindheit, und hierher kehrte sie immer wieder zurück: in ihr luxuriöses Feriendomizil Greenway House am River Dart.

Das klassizistische Haus mit der strahlend weißen Fassade war ein Rückzugsort für die Familie, in dem sich Mrs. Mallowan – unter diesem Namen war Agatha Christie in Torquay bekannt – nach Beendigung eines Romanes inmitten blühender Gärten erholen konnte. Heute wird es vom National Trust betreut und kann besucht werden. Dabei erfährt man zum Beispiel, dass Greenway Vorbild des Herrenhauses im Hercules-Poirot-Roman »Dead Man's Folly« (dt. »Wiedersehen mit Mrs. Oliver«) war, und dass sie während des Krieges als Krankenschwester und Apothekerin arbeitete, was ihre »Vorliebe« für Giftmorde erklären könnte.

www.nationaltrust.org.uk/greenway

ENGLISCHE RIVIERA

Torbay heißt die sonnenverwöhnte Hufeisen-Bucht, um die sich die Städte Brixham, Paignton und Torquay drängen. Elegante Villen besiedeln die Hänge, die unmittelbar hinter dem geschwungenen Sandstrand ansteigen. Im Park an der Promenade verstecken sich Kinder in Maulbeerbäumen. Hier scheint alles wie an unsichtbaren Schnüren aufgereiht, die gepflegten Promenadencafés genauso wie die gelben Tretboote. Torquay hat einen Trumpf im Ärmel: Agatha Christie. Mit zwei Milliarden verkaufter Kriminalromane zählt sie zu den erfolgreichsten Autorinnen aller Zeiten. Der behäbige Hercules Poirot und die schrullige Miss Marple sind bis heute Vorbild vieler Detektive, die auf den ersten Blick unterschätzt werden. Jeden September kommen Tausende von Fans zum »International Agatha Christie Festival« in die Stadt. Künstler und Gelehrte widmen sich ihrem Werk, Männer mit schwarzem Schnurrbart und Panama-Hut flanieren über die Promenade. »Mord(s)lustig« bekommt hier eine ganz neue Bedeutung.

KOMM INS MOOR, SHERLOCK

Als Sir Arthur Conan Doyle um das Jahr 1900 zum ersten Mal nach Dartmoor kam, hatte er seinen Meisterdetektiv Sherlock Holmes bereits sterben lassen. Die enorme Beliebtheit der Figur war dem vielfältig talentierten Arzt und Schriftsteller zur Last geworden. Aber dann hörte er während einer Reise die Legende von einem monströsen Hund, der die karge Moorlandschaft im Südwesten Englands durchstreift hatte ... Der Rest ist (Literatur-)Geschichte.

Besonders imposant ist die Westseite der Kathedrale von Exeter. In ihrem Inneren beeindruckt sie mit dem längsten ununterbrochenen gotischen Gewölbe der Welt.

Conan Doyle verarbeitete in »Der Hund der Baskervilles« (1903) alle Motive, die den Besucher des Hochmoores bis heute in den Bann schlagen: schroffe Granitfelsen und gefährliche Moorlöcher, das Gefängnis Princetown und die Nebel, die unvermittelt aus der immerfeuchten Landschaft aufsteigen und den Wanderer auf Gedeih und Verderb einhüllen.

FRÜHE SIEDLER UND WILDE PONYS

Aber das ist nur die eine Seite von Dartmoor, das seit 1951 Nationalpark ist. Seit frühester Zeit von Bauern und Bergarbeitern besiedelt, haben sich Steinkreise, Hünengräber und verlassene Siedlungen der Bronzezeit und des Mittelalters erhalten. Bis heute werden die denkmalgeschützten Bauernhäuser und Scheunen mit Reet gedeckt. Ponys und Schafe stehen zwischen Glockenblumen, Ginster und Heidekraut. Die Blüten zaubern leuchtende Farbflecken ins weite Graugrün. Im Winter ist die Moorlandschaft oft von einer dünnen Schneeschicht bedeckt. Eiskrusten bilden sich an den Rändern der Bäche, während man in Paignton, 30 Kilometer Luftlinie entfernt, seinen Tee auf der Terrasse eines Promenadencafés trinkt.

PLYMOUTH AUF DEN ZWEITEN BLICK

Die meisten Reisenden kommen heute von der Landseite nach Plymouth, mit Auto, Bus oder Bahn. Erst wenn man die Trostlosigkeit der Einfallstraßen hinter sich gebracht hat, eröffnet sich dem Besucher eine pulsierende Stadt, deren Topografie sie unverwechselbar macht. Zwei Drittel der Stadtgrenze liegen am Wasser: Mehrere Flüsse fließen hier zusammen und bilden eine weitverzweigte Mündungslandschaft, die in eine weite Bucht führt: The Sound. Während das östliche Ufer nur leicht ansteigt und viel Platz für urbane Entwicklung bot, ist das westliche Ufer Steilküste. Kalkriffs unter der Wasseroberfläche und ein starker Tidenhub machen den Plymouth-Sund zu einer besonderen Herausforderung für jeden Seefahrer – mehr als 450 Wracks gesunkener Schiffe sollen sich auf dem Meeresgrund befinden. Vom Kalksteinplateau The Hoe aus, einer riesigen Picknick-Wiese mit Fahnen und Denkmälern, überblickt man die gesamte Waterfront. Viele große Entdeckungsreisen nahmen in Plymouth ihren Anfang: James Cook brach gleich dreimal von hier auf, Charles Darwin bestieg hier die Beagle. Lieblingsheld der Stadt aber ist ein Pirat: Sir Francis Drake.

Sutton Harbour (oben) ist Plymouths modernes Hafenviertel, The Barbarican nennt man den sich an dessen West- und Nordseite erstreckenden historischen Bereich (ganz oben und links).

»UNTER DEM EINDRUCK DES KLIMAWANDELS WERDEN SICH ... IMMER MEHR MENSCHEN IHRER ENTFREMDUNG VON DER NATUR BEWUSST.«

Naturschutz

WIE WILD IST DAS WILDE LAND?

Das Hochmoor im Südwesten ist Englands beliebtester Nationalpark. In welcher Weise die Landschaft hier geschützt werden soll, erhitzt seit Jahren die Gemüter.

Gräser, Ginster und Heidekraut bedecken weite Teile des Nationalparks, dessen Höhen Granitfelsen krönen.

»Bitte schreiben Sie nicht, dass Dartmoor Wildnis sei«, sagt der Nationalpark-Ranger Ian Brooker gleich zu Beginn unserer Tour. Und schon sind wir mittendrin in einer Diskussion, die in den britischen Medien zunehmend hemdsärmelig geführt wird: Was genau ist Naturschutz, und was kann ein Nationalpark leisten? Unter dem Eindruck des Klimawandels werden sich auch in Großbritannien immer mehr Menschen ihrer Entfremdung von der Natur bewusst. Orte, an denen man noch die Erfahrung unberührter Natur machen kann, lassen sich in einem der am dichtesten besiedelten Länder Europas an einer Hand abzählen.

FREIWILLIGE GERN GESEHEN

Im Dartmoor National Park kann der Naturinteressierte aktiv an Naturschutzmaßnahmen mitarbeiten. Ob bei der Ansiedlung des Otters, bei der Reparatur von Feldsteinmauern oder einfach beim Aufräumen entlang von Parkplätzen: Überall sind freiwillige Helfer gern gesehen. Auch Touristen!

Seit Dartmoor 1951 zum Nationalpark erklärt wurde, stehen Landschafts- und Artenschutz in der Hochmoor-Region ganz oben auf der Agenda. Aber wie ist das zu verstehen? Bedeutet Naturschutz, die Landschaft an einem Ort so zu erhalten, wie sie zum Zeitpunkt der Unterschutzstellung war? Oder bedeutet Naturschutz, den natürlichen Prozessen von Werden und Vergehen freien Lauf zu lassen?

STURM DER ENTRÜSTUNG

Dartmoor ist eine Kulturlandschaft, die schon seit der Jungsteinzeit durch menschliche Nutzung geprägt wird. Deshalb kann sie auch ohne Eingriffe des Menschen nicht erhalten werden. Die Verwaltung des Nationalparks verfügt nur über 1,4 Prozent von Dartmoor. Dagegen sind fast 40 Prozent des Parks Gemeindeland, auf dem die Bauern seit Jahrhunderten ihr Vieh weiden lassen dürfen und auf dieses Privileg auch weiterhin angewiesen sind.

Schafe, Rinder und Ponys halten das Gras zwar niedrig, aber damit Stechginster und Heidekraut die Hügel nicht nach und nach unzugänglich machen, werden über die Wintermonate Flächen kontrolliert abgebrannt. »Swaling« nennt sich diese Tradition der Landschaftspflege, die möglichst gegen leichten Wind bergab vorgenommen wird und bei Naturschützern immer wieder Stürme der Entrüstung entfacht. Sie argumentieren, dass

Zum riesigen Gelände des in weiten Teilen aus baumlosem Moor bestehenden Nationalparks gehören auch einige attraktive Waldgebiete.

Rechte Seite: Nationalparkranger Ian Brooker behält stets den Überblick.

dabei Insekten und Kleinsäuger sterben und eine natürliche Bewaldung der Flächen unmöglich gemacht wird – dabei haben die britischen Inseln ja ohnehin sehr wenig Wald!

»Wir Ranger sind in erster Linie Vermittler zwischen den verschiedenen Interessengruppen«, erklärt Ian Brooker, als er mit mir über eine holprige Ringstraße im Nordwesten des Parks fährt. Sie erschließt das Truppenübungsgebiet, das vom britischen Militär bereits seit den napoleonischen Kriegen genutzt wird. An 150 Tagen im Jahr ist hier Sperrgebiet, und auch an den anderen Tagen sollten Wanderer besser nichts anfassen, was metallisch blinkt.

MOORLANDSCHAFT(EN) ERHALTEN

»Die Verwaltung ermuntert die Bauern dazu, in den Tälern Bäume hochkommen zu lassen, und findet auch durchaus Gehör.« Bis aber die Böden in den höheren Lagen so weit entsäuert wären, dass sich dort ein Buchenwald entwickeln kann, würde es Jahrhunderte dauern. Da erscheint es in Hinblick auf den Klimawandel wichtiger, die Landschaft als Moor zu erhalten. Denn obwohl Moore nur rund drei Prozent der Landfläche ausmachen, binden sie doppelt so viel CO_2 wie alle Wälder der Welt zusammen. Außerdem funktioniert das Moor wie ein riesiger Schwamm, aus dessen Wasser sich auch die Großstädte Exeter und Plymouth speisen.

Aber dieser Schwamm ist bedroht, denn Wege und Viehtritte werden mit der Zeit immer breiter, sodass das Regenwasser abläuft. In Dartmoor experimentiert man mit einer Maschine, die Teile der Torfschicht absticht und die Rinnen wieder verschließt. Bevor sie aber zum Einsatz kommen kann, müssen erstmal die Blindgänger aus zweihundert Jahren Truppenübungen entfernt werden.

Die Männer, die in schweren Schutzanzügen mit ihren Spürgeräten über die windigen Hänge gehen, haben eine überraschend tiefe Gesichtsbräune, fällt mir auf. »Vom letzten Einsatz«, erklärt der eine von ihnen lächelnd, »in Afghanistan.«

Dartmoor mag vielleicht keine reine Wildnis mehr sein, aber ein wildes Land ist es ganz sicher.

River Dart Valley im Dartmoor National Park.

FAKTEN & INFORMATIONEN

Infos zu Mitmach-Aktionen gibt in den Visitor Centres Haytor, Princetown und Postbridge sowie unter www.dartmoor.gov.uk

Columbia
TITANIUM

Bristol Channel
North Devon Coast
Exmoor National Park
Dartmoor National Park
Devon
Exeter
PLYMOUTH
Torquay
Barnstaple
Bideford
Ilfracombe
Minehead
Tiverton
Taunton
Exmouth
East Devon Coast
Lundy
Bude Bay
Tor Bay
Start Bay
Bigbury Bay
Whitsand Bay
Bridgwater Bay
1
2
3
4
5
Maßstab 1:600.000
0
10km

SONNIGE KÜSTE, DUNKLES MOOR

Mit den Nationalparks Dartmoor und Exmoor gibt es in Devon gleich zwei spektakuläre Naturparadiese. Die sonnenverwöhnte Küste der Torbay bietet Nischen für jeden Geschmack. Devons ausgedehnte Weidewirtschaft bringt köstliche Milchprodukte hervor, zum Beispiel würzige Hartkäse wie den Curworthy Cheese und die berühmte Clotted Cream.

1 LYNTON & LYNMOUTH

Die beiden Ortsnamen werden stets in einem Atemzug genannt (1500 Einw.). Im Nachhinein erinnert sich der Reisende meist nicht, welcher Ort welcher war – in Erinnerung bleiben viktorianische Villen über steilen Abhängen, Haarnadelkurven und ein kribblendes Gefühl in der Magengegend, weil man vor dem Ausflug nicht extra die Bremsflüssigkeit gecheckt hat. Der Nervenkitzel, der mit dieser gefühlten Unzugänglichkeit der Gegend zusammenhängt, reizte bereits im 19. Jh. die Sommerfrischler. Die berühmte Frankenstein-Autorin Mary Shelley wählte das Doppelörtchen für ihre Flitterwochen.

CREAM TEA

Cream Tea ist ein absolutes Must! Allerdings womöglich weniger geeignet für Diabetiker oder Menschen, die auf ihren Cholesterinspiegel achten müssen ... Andererseits: Wir sind ja im Urlaub! Der Brite nimmt ihn am späteren Nachmittag zu sich, aber im Grunde schmeckt er den ganzen Tag. Cream Tea besteht neben dem Tee mit Milch aus warmen Scones (süße Brötchen aus Hafermehl und sehr viel Butter), die man mit Clotted Cream und Erdbeerkonfitüre bestreicht. Clotted Cream ist ein weißer, köstlicher Milchzustand irgendwo zwischen Sahne und Butter. Sie gehört zu den beliebtesten kulinarischen Souvenirs, weil sie in unseren heimischen Supermärkten noch kaum verbreitet ist. Enjoy your tea!

***tea and scones:** Wer sich die süßen Brötchen gern selbst backen will, findet Rezepte und viele weitere Infos auf https://tea-and-scones.de/scones-backen-mit-rezept/*

AKTIVITÄTEN

Wer Lynton und Lynmouth zu Fuß erkunden möchte, braucht stramme Waden. Gemütlich und spektakulär geht es mit der **Lynton and Lynmouth Cliff Railway**, der weltweit steilsten Wasserballastbahn. Mit ihr überwindet man spielend die Felsen hinunter zum Hafen (The Esplanade, Lynmouth, www.cliffrailwaylynton.co.uk).

HOTELS UND RESTAURANTS

€€/€€€ The Rising Sun ist ein gemütlicher Pub, ein elegantes Hotel und ein regionalverliebtes Restaurant unter einem Dach – mit Reet gedeckt, wie es sich für ein Natursteinhaus aus dem 14. Jh. gehört (Harbourside, Lynmouth, www.risingsunlynmouth.co.uk).

Blick aufs Meer und aufs Moor haben die feinen Zimmer im **€€ Lee House Bed&Breakfast** sowie einen herrlich blühenden Garten dazu (27 Lee Rd, Lynton, www.leehouse-lynton.co.uk).

Zwei hochgelobte Restaurants mit mediterranem Einschlag verwöhnen den Gast in Lynton: Das **€€€ Oak Room** (Lee Rd, Lynton, www.theoakroomlynton.co.uk) orientiert sich geschmacklich an Spanien und Frankreich, das **€€ Vanilla Pod** (10 Queen St, Lynton, www.thevanillapodlynton.co.uk) an Ägypten und Marokko.

UMGEBUNG

Die Grafschaften Devon und Somerset teilen sich den im Hinterland von Lynton liegenden **Exmoor National Park** mit einem Wanderwegenetz von über 1000 km (s. auch S. 83).

Spektakuläre Felsformationen direkt am Meer sowie ab und zu eine Begegnung mit einer Wildziege bietet das **Valley of the Rocks** (www.visit-exmoor.co.uk/things-to-do-around-exmoor/natural-attractions/valley-of-rocks).

INFORMATION

Lynton & Lynmouth Tourist Information Centres, Lynton Post Office, 26 Lee Rd, Lynton, www.visitlyntonandlynmouth.com

Lynmouth National Park Centre, The Esplanade, Lynmouth, www.visitlyntonandlynmouth.com

2 EXETER

Exeter ist der Verwaltungssitz der Grafschaft Devon und ein Magnet für Kulturfreunde und Shopping-Begeisterte. Um 50 n. Chr. gründeten die Römer die Stadt auf den Fundamenten einer keltischen Siedlung. Sie hinterließen eine Stadtmauer, die heute noch die Altstadt prägt. Urbanes Aushängeschild ist die Kathedrale mit ihrer prächtigen figurengeschmückten Fassade. Das Viertel darum herum begeistert mit Häusern der Tudorzeit, Restaurants, Pubs und Cafés.

Bei der Kathedrale von Exeter erinnert eine Statue an Richard Hooker (1554–1600), einen Mitbegründer der anglikanischen Theologie.

SEHENSWERT

Die **Kathedrale St. Peter** (13./14. Jh.) ist ein schönes Beispiel für das typisch Englische an der englischen Gotik. Während man in Frankreich schmale, extrem hohe Räume anstrebte, sind die englischen Kirchen eher breit gelagert. Dafür entwickelten sie einen ungemeinen Reichtum an Gewölbemustern und Wandverzierungen.

Als »pittoresk, aber barbarisch« bezeichnete der Architekturhistoriker Nikolaus Pevsner die Renaissance-Fassade der **Guildhall**, des städtischen Rathauses. Sehenswert ist sie in jedem Fall, genauso wie der repräsentative Tudor-Saal (High Street, www.exeter.gov.uk/guildhall).

AKTIVITÄTEN

Schauerlich-schön ist eine **Tour durch die Exeter Underground Passages**, ein gewölbtes Gangsystem unter der Altstadt. Ursprünglich zur Trinkwasserversorgung gegraben, spielten sich auch Dramen um Krieg, Pest und Verbrechen hier unten ab (2, Paris Street, Führungen unter www.exeter.gov.uk/passages).

Ungefähr 90 Minuten dauern die Stadtführungen der Damen und Herren in den leuchtend roten Jacketts: Die kostenlosen **Red Coat Guide Tours** widmen sich speziellen Themen wie »Tudor Exeter« oder »Geister und Legenden« und starten an der Hooker-Statue vor der Kathedrale (Infos unter www.exeter.gov.uk/leisure-and-culture/our-attractions/red-coat-guided-tours).

MUSEUM
Das **RAMM** präsentiert Kunst, Archäologie und Naturkunde (Queen Street, Di.–So. 10.00–17.00 Uhr, https://rammuseum.org.uk/visit).

HOTEL
Mitten im Kathedralenviertel liegt das Boutiquehotel **€€€ Southernhay House**. Hier erwartet den Gast freundliche Gemütlichkeit mit einem Hauch von Luxus (36 Southernhay East, www.southernhayhouse.com).

UMGEBUNG
Für das perfekte Small-Town-Feeling lohnt sich ein Trip nach **Ottery St Mary** (24 km nordöstl.). Die geräumige Kirche aus rotem Sandstein ist das Herz des Städtchens. Am besten macht man einen Spaziergang am River Otter bis zum natürlichen Whirlpool Tumbling Weir und plant einen Nachmittagsstopp im Silver Otter Café. Hier gibt es umwerfenden Chocolate Fudge Cake und Ausbildungsplätze für Menschen mit Handicap (15 Silver Street, Ottery).

INFORMATION
Exeter Visitor Centre Information & Tickets, Dix's Field, Exeter EX1 1GF, www.visitdevon.co.uk

TORBAY

»Englische Riviera« nennt sich Torbay (135 800 Einw.) im äußeren Westen der Lyme Bay. Es ist eine eigenständige Verwaltungseinheit, die neben kleineren Orten die Städte **Torquay**, **Paignton** und **Brixham** umfasst. Torquay ist auf altmodische Weise edel, Paignton auf fröhliche Weise familienfreundlich, und Brixham wird meist übersehen – zu Unrecht allerdings. Geschwungene Reihen farbenfroher Häuschen füllen die Hanglagen über dem Jachthafen.

SEHENSWERT
Die Grundmauern von Torquays ältestem Gebäude gehen auf das Jahr 1196 zurück: Das **Torre Abbey Historic House** war lange das Domizil der einflussreichen Familie Cary und beherbergt heute eine Kunstsammlung (The King's Drive, tgl. 10.00–17.00 Uhr, www.torre-abbey.org.uk).

Splashdown Quaywest: ein Wasserpark am Strand von Paignton in Torbay.

Plymouth, Sutton Harbour, National Marine Aquarium (Europas tiefstes Aquarium).

MUSEEN
Im **Torquay Museum** informiert eine Dauerausstellung über das Leben und Werk von Agatha Christie (529 Babbacombe Rd, 10.00–16.45 Uhr, Mo. und Fr. geschlossen, https://torquaymuseum.org). Im Hafen von Brixham kann man das **Golden Hind Museum Ship** besichtigen, einen Nachbau des Schiffes, mit dem Francis Drake 1577–1580 die Welt umrundete. Faszinierend und unfassbar klein (The Quay, tgl. 10.00–16.30 Uhr, www.goldenhind.co.uk).

HOTELS UND RESTAURANTS
Strahlend weiß und luxuriös dominiert **€€€€ The Grand Hotel** Torquays Uferpromenade. Das **€€€–€€€€ Restaurant 1881** verwöhnt mit exquisiter Küche und Blick über die Bucht (Seafront, Torbay Rd, Torquay, https://richardsonhotels.co.uk/the-grand-hotel). Zimmer in barocker Opulenz und einen hübschen Garten mit Pool bietet **€€€ The Marstan Guesthouse** (Meadfoot Sea Rd, Torquay, https://themarstanguesthouse.hotelsintorquay.net). Regionale Raffinesse erwartet den Reisenden im **€€–€€€ The Waddling Duck @ Hamiltons** (63 Babbacombe Downs Rd, Torquay, www.thewaddlingduckbistro.co.uk). Für Seefahrer (und sei es nur im Herzen) empfiehlt sich das maritime **€€ TJ's Restaurant** mit Sonnensegeln, Leuchtturm-Wandgemälde und Hafenblick (14 Cliff Rd, Paignton, www.tjsrestaurant.co.uk).

UMGEBUNG
Wie erfolgreich Agatha Christie war, lässt sich an ihrem einstigen Feriendomizil am Ufer des River Dart bei Galmpton (ca. 7 km westl. von Brixham) ablesen: **Greenway House and Garden** ist ein klassizistisches Kleinod. Die Inneneinrichtung wurde wie zu Zeiten Christies wiederhergestellt (Greenway Rd, Galmpton, Brixham TQ5 0ES, März–Okt. tgl. 10.30–17.00 Uhr, im Winter meist nur am Wochenende, www.nationaltrust.org.uk/greenway).

Ein aussichtsreicher Spaziergang durch das **Berry Head National Nature Reserve** führt an der blütenreichen Steilküste entlang bis zum Leuchtturm an der Spitze der Landzunge (www.countryside-trust.org.uk/explore/berry-head).

INFORMATION
English Riviera Visitor Information Center, 5 Vaughan Parade, Torquay TQ2 5JG, www.englishriviera.co.uk

4 DARTMOOR NATIONAL PARK

Das Hochmoor ist ein Paradies für Wanderer und Geschichtenjäger, Heimat der wild lebenden, vom rauen Klima unbeeindruckten Dartmoor-Ponys.

SEHENSWERT/MUSEEN
Das **Dartmoor Visitor Centre** in Princetown bietet eine moderne Multimedia-Ausstellung zum Ökosystem des Hochmoors, zu den frühen Siedlern und zu Sherlock Holmes. Hier wird man auch zu besonderen Landmarken und Wandertouren beraten. Absolute Must-Sees sind die Ringanlage von **Grimspound**, die Steinreihen von **Merrivale**, die **Clapper Bridge** und der sagenumwobene **Wistman's Wood** bei Postbridge. Welchen Härten die Gefangenen im 19. Jh. ausgesetzt waren, veranschaulicht das **Dartmoor Prison Museum** in Princetown (Mo.–Do., Sa. 9.30–16.30, Fr. und So. 9.30–16.00 Uhr, www.dartmoor-prison.co.uk).

HOTELS UND RESTAURANTS
Hochherrschaftlich residiert es sich im **€€€ Bedford Hotel**, umgeben von einer zinnenbewehrten Gartenmauer (Plymouth Rd, Tavistock PL19 8BB, www.bedford-hotel.co.uk).

Das **€€–€€€ Furzeleigh Mill Hotel** verwöhnt seine Gäste in einem ehemaligen Mühlhaus mit familiärer Freundlichkeit und ambitionierter Küche (Dartbridge, Ashburton Rd, Buckfastleigh, www.furzeleigh.co.uk).

AKTIVITÄTEN
Wer nicht nur wandern möchte, macht einen Ausritt (www.ridedartmoor.co.uk), unternimmt einen Spaziergang mit Lamas (www.dartmoorllamawalks.co.uk/llama-walks-on-dartmoor-devon) oder eine erholsame Fahrradtour auf dem autofreien Granite Way (www.exploredevon.info/activities/cycle/granite-way).

VERANSTALTUNGEN
An jedem 4. Sa. im Monat findet ein **Farmers' Market** in Widecombe-in-the-Moor, einem wahrlich malerischen Dorf im Herzen des Nationalparks, statt.

INFORMATION
Dartmoor National Park Visitor Centres (Tavistock Rd, Princetown/Haytor Vale, Newton Abbot und Postbridge bei Yelverton), www.dartmoor.gov.uk

5 PLYMOUTH

Bis ins Mittalter war Sutton ein kleiner Fischerhafen und das heute eingemeindete Plympton der bedeutende Warenumschlagplatz. Doch der Schlamm, den der River Plym mit sich führte, machte Plympton unpassierbar, und das kleine Sutton mauserte sich zum heutigen Plymouth (235 000 Einw.). Einen Vorgeschmack auf den Touristenansturm kommender Zeiten erhielt Plymouth, als sich der nach Waterloo gefangen genommene Napoleon einige Tage auf einem Kriegsschiff im Hafen der Stadt aufhielt. Aus ganz England reisten die Menschen in Scharen an. Damen mit Schirm und Reifrock ließen sich möglichst nah heranrudern, um einen Blick auf den Feind zu ergattern.

SEHENSWERT
Geschäfte, Restaurants und Cafés umlagern das Hafenbecken von **Sutton Harbour**, bis heute das Herz der Stadt. Ein Muss ist der traditionsreiche Freiluft-Fischmarkt **Plymouth Fisheries** (wochentags 7.00–16.00 Uhr, https://suttonharbourgroup.com/plymouth-fisheries). In unmittelbarer Nähe kann man die lebendigen Fische in Europas tiefstem Aquarium beobachten; das Dach des **National Marine Aquarium** ist geschwungen wie eine mächtige Welle (Rope Walk, Coxside, tgl. 10.00–17.00 Uhr, www.national-aquarium.co.uk). Nur ein kleiner Teil der Altstadt, genannt **The Barbican**, überstand den »German Blitz« und wird liebevoll gepflegt. Schmale Gassen mit holprigem Kopfsteinpflaster versprühen noch den Charme des alten Fischerortes. Entlang der Southside Street finden sich interessante Läden und gemütliche Cafés. Zwischen Sutton Harbour und den **Great Western Docks** erhebt sich eine Landzunge, die für die Verteidigung der Stadt besonders gute Voraussetzungen bot. Davon zeugen noch die mächtigen Mauern der Royal Citadel. Der Parkhügel **The Hoe** mit dem rot-weißen **Smeaton's Tower** bildet eine natürliche Aussichtsplattform über den Plymouth Sound.

MUSEEN
Das **Plymouth City Museum and Art Gallery** zog in ein größeres, modernes Gebäude, in dem Archäologie, Stadtgeschichte und zeitgenössische Kunst zu einer Symbiose zusammenfinden konnten: **The Box** (Tavistock Place, Di.–So. 10.00 bis 17.00 Uhr, www.theboxplymouth.com).

Hinter dem traditionellen Namen **Market Hall** verbirgt sich ein Erlebnis der besonderen Art: Kunstvolle Projektionen zu Themen vom Regenwald bis zum Urknall schlagen den Betrachter in ihren Bann (Duke St, Devonport, Plymouth, https://real-immersive.realideas.org/whats-on).

HOTEL UND RESTAURANT
Das neogotische **€€€ The Duke of Cornwall Hotel** verwöhnt mit elegant gemusterten Tapeten und Blick auf Drakes Island (Milbay Road, www.thedukeofcornwall.co.uk).

So leicht und unkonventionell wie der Name ist auch die Küche im **€€–€€€ The Fig Tree@36** (36 Admiralty St, https://figtree36.co.uk).

INFORMATION
Plymouth Tourist Informationen Center, 3 The Barbican, Plymouth PL1 2LR, www.visitplymouth.co.uk

SUCHEN, SCHAUEN, SAMMELN

Das englische Wort Foraging kann vieles bedeuten – Hamstern, Herumstöbern, Nahrung suchen. Aber in seinem modernen Sprachgebrauch meint es das Sammeln von essbaren Wildkräutern. In Zeiten einer gesteigerten Sensibilität gegenüber Naturschutzthemen und Essgewohnheiten ist Foraging in England »der Renner«, denn es hilft, die Schätze der Natur überall zu entdecken, im Stadtpark, am Strand und sogar auf der Verkehrsinsel.

Sehen und erleben: Kleeblätter (links) und blühender Weißdorn (rechts).

Für den Reisenden hat Foraging einen besonderen Reiz: Beim Erkunden einer unbekannten Landschaft wechselt der Fokus beständig zwischen der weiten Aussicht und dem forschenden Blick auf dem Boden. So erkennt der moderne Sammler, dass am Löwenzahn – richtig zubereitet – Blüte, Blätter und Wurzel schmackhaft sind. Aber ganz ungefährlich ist Foraging nicht! Aethusia cynapium zum Beispiel wächst praktisch auf jeder Wiese. Es sieht in jungem Zustand aus wie Petersilie, ist aber hochgiftig. Deshalb nennt man es Fool's Parsley, Petersilie für Dummköpfe.

Wer halbwegs sprachkundig ist, der lässt sich besser von Spezialisten führen. Die kennen die besten Stellen, haben zu jeder Pflanze eine Anekdote parat und verraten ausgefallene Rezepte. Wie der »Kräuterpapst« Robin Harford, der an der Küste Touren zum Thema »Essbare Seegräser« führt.

Touren variieren nach Gegend und Jahreszeit, deshalb sollten Sie schon vorab buchen!

Die **Devon Foraging Walks** z.B. starten in Exeter (www.eatweeds.co.uk/foraging-courses) von Robin Harford.

»Total wild« sammelt man von Plymouth aus (www.facebook.com/TotallyWild), und mit **WildFoodUK** erkundet man die Kräuterwelt von Dartmoor (www.wildfooduk.com).

Apps wie **PlantNet** helfen beim Bestimmen auf eigene Faust.

Dorset

SAURIER UND ROLLENDE HÜGEL

In grünen Wellen erstreckt sich die liebliche Landschaft bis zum Ärmelkanal, wo sie abrupt in steilen Felswänden endet. Bis zu 250 Millionen Jahre sind diese Felsen alt, und immer wieder geben sie Fossilien frei: Als Jurassic Coast gehört die Küste zum Welterbe der UNESCO. Aber auch zum Segeln, Wandern und Baden ist es hier paradiesisch.

Die Durdle Door genannte Felsformation in der Bucht von Lulworth ist ein markanter Punkt an der zerklüfteten Küste von Dorset.

Rechts und unten: in den nahe Weymouth gelegenen Abbotsbury Subtropical Gardens

Dorsets Postkartenmotiv Nummer eins ist der Blick vom Gold Hill in Shaftesbury über das fruchtbare Tal von Blackmore. Die steile Gasse mit Kopfsteinpflaster wird auf der einen Seite von den Überresten der Abtei, auf der anderen von Cottages im Schulterschluss flankiert. Sie ist das Destillat aller Vorstellungen vom guten alten England. Allerdings sollte man bedenken, dass der Ort einst erblühte, weil er das Grab eines von seiner Stiefmutter ermordeten Kindkönigs, »the boy King Edward«, vermarktete. Da mischt sich etwas Melancholie in den Ausblick; ganz so gut war die alte Zeit dann doch nicht.

»PLÖTZLICH TAUCHT ER AUF, NACKT, MIT ERHOBENER KEULE, DER KOPF LÄCHERLICH KLEIN …«

DER RIESE IM KALK

In das Tal, durch das der kleine Cerne River plätschert, kommen die Menschen wegen des Riesen. Plötzlich taucht er auf, nackt, mit erhobener Keule, der Kopf lächerlich klein im Vergleich zu seiner prominenten Männlichkeit: der berühmte Riese von Cerne Abbas. Solche Darstellungen heißen in England »chalk figures«, weil ihre Umrisse entstehen, indem die Grasnarbe an einer Hügelflanke bis auf den blanken Kalkstein entfernt wurde. Das Motiv mutet archaisch an, dennoch wissen wir über seine Entstehung wenig. Schriftlich erwähnt wurde der Riese erstmals im späten 17. Jahrhundert, aber dass er, vom Gras überwachsen, dort schon sehr viel länger »schlief«, scheint plausibel. Bei Paaren mit Kinderwunsch ist es bis heute Brauch, es hier des Nachts auf dem Riesen von Cerne Abbas zu versuchen.

Oben: Der 66 Meter hohe Riese von Cerne Abbas entsteht durch 60 cm breite Furchen, die alle paar Jahre von freiwilligen Helfern vom Gras befreit und mit Kalkschotter aufgefüllt werden.

Rechts: Reetdächer und unverputzte Kalksteinfassaden prägen die kopfsteingepflasterte Gasse Gold Hill in Shaftesbury.

DREI STÄDTE, EINE METROPOLE

Die drei Kleinstädte Bournemouth, Poole und Christchurch sind in den vergangenen Jahrzehnten praktisch zu einer Küstenmetropole zusammen gewachsen. Christchurch mit seiner imposanten Abteikirche und dem Segelhafen im Marschland ist das Dornröschen in dieser Trias. Bournemouth besticht durch viktorianische Architektur und den Luxus eines elf

Oben: Einen Marsch am Chesil Beach finden viele Spaziergänger undankbar, weil das Laufen im Kies sehr beschwerlich ist. Wer lieber von oben wie hier die Aussicht genießt, der schaut über Schafweiden und die gotische Katharinen-Kapelle über die Lagune hinweg bis Portland Bill.

Blick von Poole auf die zur Isle of Purbeck übersetzende Fähre.

Rast in Kimmeridge – einem der vielen Schmuckstücke am South-West Coast Path.

»SCHMALE STRASSEN WINDEN SICH DURCH DIE GRÜNEN HÜGEL, VORBEI AN VERTRÄUMTEN DÖRFERN, SCHLÖSSERN — IDYLLE PUR.«

Chapman's Pool auf der Isle of Purbeck. Mit dem Purbeck-Marmor, eigentlich ein schwarzer Muschelkalk, handelten schon die alten Römer.

»Steam to the beach«: Im Sommer fährt eine Museumsbahn über Corfe nach Swanage ans Meer, freundlich begleitet vom Personal in den Bahnhöfen.

Kilometer langen Sandstrands, an dem sich neben den Badegästen auch Scharen von Sprachschülern aus aller Welt tummeln. Vom Strand kann man zu Fuß ins angesagte Viertel The Triangle weiterziehen, wo man sich tagsüber Haare, Haut und Nägel verschönern lässt und abends schlemmt und tanzt.

Poole hat sich zu einer beliebten Einkaufsstadt gemausert und verzeichnet auf den Sandbanks, einer kleinen Nehrung gegenüber der Hafeneinfahrt, schwindelerregende Immobilienpreise. Im Sommer werden hier World-Cup-Veranstaltungen im Wind- und Kitesurfen ausgetragen. Wer noch kein Profi ist, findet Unterstützung bei Surf-, Kite-, und Segelschulen direkt am Strand.

INSEL DER SCHWARZEN FELSEN

Die »Insel« von Purbeck ist streng genommen nicht einmal eine Halbinsel und doch eine Welt für sich. Bewacht wird sie von der imposanten Burgruine Corfe Castle, die auch dem malerischen Ort zu ihren Füßen den Namen gibt. Bei Spazierfahrten über die schmalen, verschwiegenen Straßen sollte man auf Fasane achten: Sie wandeln gern auf dem warmen Asphalt und vergessen, wenn sich ein Auto nähert, vor Schreck, wozu sie Flügel haben.

Eine geologische Besonderheit der Küste von Purbeck ist der schwarze Fels. Aus der Ferne mag er eher grau erscheinen, aber professionell geschnitten und poliert schimmert er in so kostbarem Schwarz,

Leuchtturm auf der Isle of Portland, die als langer Sporn ins Wasser des Ärmelkanals ragt.

Um den Strand der omegaförmigen Bucht von Lulworth Cove führt der Küstenwanderweg hoch zu den Klippen.

dass er sich den Namen Purbeck-Marmor verdiente und Kathedralen wie Salisbury und Canterbury ziert. Wer an der Küste entlang wandert, kann den schwarzen Fels in seiner ganzen Pracht beim Blick auf die Bucht von Kimmeridge genießen. Deren Strand liegt nicht nur wildromantisch – hier ist es auch wärmer als in anderen Buchten, weil der schwarze Stein sich stärker aufheizt und die Wärme länger speichert.

WANDERN AN DER KÜSTE

Eine der Hauptattraktionen Südenglands ist der South-West Coast Path. Er ist der beliebteste Streckenabschnitt des Küstenwanderweges, der ganz England, Wales und Schottland einmal umläuft, und zieht sich von Southampton bis Bristol, immer so nah wie möglich am Wasser. Von West Lulworth aus lassen sich mehrere Naturwunder in einem Tagesmarsch erwandern. Der Weg führt um den Strand der omegaförmigen Bucht von Lulworth herum auf die Höhe der Klippen. Zu beiden Seiten des schmalen Pfades stolpert man förmlich über steinerne Ringe von bis zu zwei Metern Durchmesser: die versteinerten Stümpfe einer Baumart, aus der sich unsere heimische Kiefer entwickelte. Vor 144 Millionen Jahren bildeten sie an dieser Stelle einen Wald inmitten einer weiten Salzlagune. Nur drei Kilometer weiter westlich ragt Durdle Door in den Ärmelkanal. Die natürliche Felsbrücke aus Kalkstein gilt als Wahrzeichen der Jurassic Coast – der etwa 150 Kilometer lange Küstenabschnitt zwischen Swanage und Exmouth ist ein wichtiger Fundplatz für versteinerte prähistorische Lebensformen.

PIONIERINNEN

Frauen wie Mary Anning (1799–1847), die zu ihrer Zeit noch nicht mal wählen durften, schufen die Grundlage für eine neue Wissenschaft: die Paläontologie.

Schon als junges Mädchen hatte Mary Anning, die viel in den Klippen an der Küste ihres Heimatdorfes Lyme Regis unterwegs war, ein untrügliches Gespür für den Fund von Fossilien. Mit zwölf Jahren, 1811, entdeckte sie das erste vollständige Skelett eines Fischsauriers (Ichthyosaurus), zehn Jahre später den langhalsigen Plesiosaurus dolichodeirus und 1828 einen frühen, als Pterodactylus macronyx beschriebenen Flugsaurier mit langem Schwanz und über einem Meter Flügelspannweite.

An die Verdienste von Mary Anning und Elizabeth Philpot (1780–1857), die ebenfalls eine große Fossiliensammlung zusammengetragen und Mary Anning bei der genauen Beschreibung ihrer Funde unterstützt hatte, erinnert das Lyme Regis Museum (Abb.).

www.lymeregismuseum.co.uk

Beliebt bei Seglern ist Weymouth, denn die bis an den Hafen reichende Altstadt bietet Shopping und Verpflegung.

Die Abteikirche von Christchurch überragt den Segelhafen.

Bournemouth Shopping Arcade: »A truly unique shopping experience«.

Die besten Outdoor-Aktivitäten

DIREKT VOR DER TÜR WARTET DAS ABENTEUER

Baden, Wandern und Radfahren sind natürlich immer eine Option, aber der Süden Englands bietet noch viele andere Möglichkeiten, Bewegung und Spaß im Freien zu genießen, ob allein oder mit der Familie, geführt oder auch ganz auf eigene Faust.

1

VIKING COASTAL TRAIL

Ein 40 km langer, leichter Rundweg führt um die Isle of Thanet, immer möglichst nah am Wasser entlang. Von Reculver aus geht es durch Margate, Broadstairs und Ramsgate zur Pegwell Bay, wo im Jahr 825 zum ersten Mal Vikinger in Kent landeten. Über ruhige Straßen des Hinterlands führt der Weg durch verträumte Dörfer mit uralten Kirchen wie Minster-in-Thanet und St Nicholas-at-Wade zurück nach Reculver.

www.visitthanet.co.uk/attractions/viking-coastal-trail-2823/

2

LYMINGTON, SEA WATER BATHS

Im New Forest finden nicht nur Kinder den Badespaß der besonderen Art: In einem 110 m langen Salzwasserbecken kann man auf riesigen, bunten, aufblasbaren Inseln rutschen, balancieren, hüpfen und – zur Freude aller – abrutschen und reinfallen.

www.lymingtonseawaterbaths.org.uk

3

COASTEERING, TORBAY

Die Felsenküste vom Wasser aus erkunden, Boot fahren, Klettern, Felsenspringen und Höhlen erforschen, das alles verbirgt sich hinter dem Wort »Coasteering«. Rund um die Torbay bieten verschiedene Veranstalter geführte Ausflüge an – Schwimmwesten, Fotos und Sicherheitsanweisungen inklusive.

www.rocksolidcoasteering.uk, www.reach-outdoors.com

SCHNORCHEL-PARCOUR, KIMMERIDGE

Im klaren Wasser der Bucht von Kimmeridge gibt es einen ausgewiesenen Schnorchelkurs, der durch Bojen markiert wird. Er führt den Beobachter durch einen zauberhaften Unterwassergarten, in dem Teufelskrabben mit roten Augen unter den Felsen auf Beute lauern und Seeanemonen so tun, als seien sie Pflanzen. Vorab informiert man sich über Flora, Fauna und Strömung im Fine Foundation Wild Seas Center.

www.dorsetwildlifetrust.org.uk/events/2024-03-29-art-exhibition-wild-seas-centre

DARE DEVILS, RIVER DART COUNTRY PARK

An der Ostflanke von Dartmoor liegt einer der schönsten Campingplätze von ganz England in einem ehemaligen Schlosspark. Das auch für Tagesbesucher angebotene Freizeitpaket nennt sich Dare Devils und meint wohl in erster Linie die Mutigen, die sich in luftiger Höhe – gut gesichert – durch die Baumkronen hangeln und in mannshohen Wasserbällen über den See treiben. Ein großer Spaß für die ganze Familie!

www.riverdart.co.uk

BELLYBOARDING, NEWQUAY

Bellyboarding ist Surfen für Jedermann, denn wie der Name schon sagt, bleibt der Bauch auf dem Brett, wenn die Welle kommt. Bereits vor über hundert Jahren importierten britische Soldaten diese hawaiianische Kunst des Wellenreitens, die seither in England mit Begeisterung gepflegt wird.

www.surfingschool.co.uk, www.escapesurfschool.co.u.

Brynmawr
Ebbw Vale
Blaenavon
Coity Mountain
Cwm
Abertillery
New Tredegar
Pontypool
Bargoed
Blackwood
Cwmbran
Abercarn
Roman Amphitheatre
Caerleon
Bedwas
Risca
Caerphily
NEWPORT
CARDIFF
Penarth
Lavernock Point
Mouth of the Severn
Wyesham
Coleford
Newnham
Whitecroft
Bream
Lydney
Sharpness
Tintern Abbey
Severn
Usk
Chepstow
Caldicot
Thornbury
Frampton Cotterell
Yate
Avonmouth
Portishead
Clevedon
Nailsea
BRISTOL
Mangotsfield
Kingswood
Oldland
Keynsham
Backwell
Yatton
Chew Magna
Chew Valley Lake
Weston-super-Mare
Stonehouse
Stroud
Dursley
Nailsworth
Wotton-under-Edge
Tetbury
Cotswold Hills
Cirencester
Fairford
Lechlade
Bibury
Burford
Carterton
Colne
Thame
Faringdon
Cricklade
Highworth
SWINDON
Purton
Shrivenham
Malmesbury
Royal Wootton Bassett
Wroughton
Chiseldon
White Horse Hill
Castle Combe
Chippenham
Calne
Corsham
Morgan's Hill
Avebury Circle
Kennet
Marlborough
Hungerford
Bath
Bradford on Avon
Holt
Melksham
Devizes
Kennet and Avon Canal
Pewsey
Vale of Pewsey
Peasedown Saint John
Paulton
Radstock
Midsomer Norton
Trowbridge
Frome
Westbury
Salisbury Plain
Warminster
Ludgershall
North Tidworth
Bulford
Stonehenge
Amesbury
Wylye
Bourne
Axbridge
Mendip Hills
Cheddar
Caves and Cheddar Gorge
Axe
Wookey Hole
Wells
Shepton Mallet
Brue
Burnham-on-Sea
Highbridge
Wedmore
Glastonbury
Street
North Petherton
Quantock Hills
Bridgwater
Parrett
Evercreech
Bruton
Castle Cary
Somerton
Taunton
Tone
Yeo
Wincanton
Mere
Gillingham
Stour
Shaftesbury
Nadder
Wilton
Salisbury
Cathedral
Yeovil
Sherborne
Stalbridge
Sturminster Newton
South Petherton
Black Down Hills
Ilminster
Chard
Crewkerne
Otter
Dorset
Blandford Forum
Fordingbridge
Verwood
New Forest
National Park
Lyndhurst
Ringwood
Brockenhurst
Totton
Ferndown
Wimborne Min.
Milton Abbas
Beaminster
Axminster
Honiton
Hunters Lodge Inn
Bridport
Seaton
Lyme Regis
East Devon Coast
Lyme Bay
Dorchester
Piddle or Trent
Frome
Broadwey
Preston
Wool
Wareham
POOLE
Compton Acres Gardens
BOURNEMOUTH
Poole Bay
Christchurch
New Milton
Lymington
Alum Bay
The Needles
Isle of Purbeck
Purbeck Downs
Corfe Castle
Swanage
Durlston Head
Saint Aldhelm's Head
Lulworth Cove
Chesil Beach
Weymouth
Fortuneswell
Isle of Portland
Easton
Bill of Portland
Dorset Coast
1
2
3
4
5
6
7
Maßstab 1:600.000
0
10km

KÜSTENSTÄDTE, DINOSPUREN

Die beiden Hafenstädte Poole und Bournemouth bieten Lifestyle, Wassersport und Badefreuden satt. Mit seinen Fossilienschätzen ist das UNESCO- Welterbe Jurassic Coast ein Fenster in lange versunkene Welten. Im Hinterland der Küste begeistert Dorset mit verschlafenen Dörfern und sanft geschwungenen Hügelketten.

1 BOURNEMOUTH

Bournemouth ist das Herzstück der Urlaubsregion, die sich »Coast of the Most« nennt. Neben Baden und Wassersport bietet die mit Poole zusammengewachsene Stadt eine Parklandschaft und ein vielfältiges kulturelles Angebot.

SEHENSWERT/MUSEEN

Bournemouth ist die Stadt der Bäume. 17 000 säumen die Straßen der Stadt und weitere 30 000 finden sich auf etwa 1000 ha Park- und Gartenfläche. **The Bournemouth Tree Trail**, ein leichter Spazierweg, führt zu den schönsten Exemplaren (www.bcpcouncil.gov.uk/documents/leisure-culture-and-local-heritage/bournemouth-tree-trail-web.pdf).

Die Vielfalt des Lebens in und an den Meeren lässt sich im **Oceanarium** auf mehreren Etagen bestaunen (Pier Approach, West Beach, tgl. 10.00–18.00, im Winter bis 17.00 Uhr, www.oceanarium.co.uk).

Die **Russell-Cotes Art Gallery and Museum** ist in der East Cliff Hall beheimatet, einer sehenswerten viktorianischen Villa mit Chintz-Tapeten, farbigen Fenstern und vergoldeten Friesen. Gezeigt wird hier Kunst des 19. Jh.s, besonders populär sind die Werke von Dante Gabriel Rossetti und anderen Prä-Raffaeliten (Russell Cotes Rd, Di.–So. 10.00–17.00 Uhr, www.russellcotes.com).

HOTELS UND RESTAURANTS

In Bournemouth gibt es Luxushotels wie das **€€€ Cumberland Hotel** (27E Overcliff Dr, Boscombe, www.cumberlandbournemouth.co.uk).

Dem Thema Schokolade widmet sich in Design und Events das zentral gelegene **€€ The Chocolate Box Hotel** (2 Westcliff Rd, www.thechocolateboxhotel.co.uk). In dem Frühstücksraum scheint die süße Masse von den Wänden zu tropfen, und die Schokoladenbrunnen sind gern gebuchte Extras.

Immer gut besucht ist das **Prom Café** mit stylishem Sonnendach (Pier Approach, https://prom-cafe.co.uk).

UMGEBUNG

Die Prioratskirche von **Christchurch** (ca. 8 km nordöstl.) kann es sowohl von ihren Ausmaßen her als auch in ihrer kostbaren Ausstattung mit jeder Kathedrale aufnehmen (Christchurch Priory, Quay Rd, www.christchurchpriory.org). Vom Turm aus überblickt man den Jachthafen und die Marschen des Naturreservates Stanpit (www.visitdorset.com/listing/stanpit-marsh-nature-reserve).

PierZip in Bournemouth: Von der Plattform des Turms auf dem Pier in 25 m Höhe geht's in rasanter Fahrt, am Draht hängend, 250 m bis zur Küste – gern im Wettstreit mit einem zweiten »Zip surfer«.

INFORMATION

Bournemouth Tourist Information Centre, Pier Approach, Bournemouth BH2 5AA, www.bournemouth.co.uk

POOLE

Die Stadt (151 500 Einw.) war seit dem 16. Jh. ein wichtiger Handelsplatz für Waren aus der Neuen Welt. Alliierte Truppen starteten am 6. Juni 1944 u.a. von Poole aus zur Invasion in der Normandie.

SEHENSWERT/MUSEEN

Der **Naturhafen** von Poole ist ein Paradies für Wassersportler. Besonders Kiter zieht es zu Wettkämpfen hierher (Infos unter www.britishkitesports.org/event). Der **mittelalterliche Stadtkern** lädt zum Bummeln und Verweilen ein. Die kleine Insel **Brownsea** lohnt die ca. zweistündige Umwanderung. Hier gibt es noch die letzten Eurasischen Eichhörnchen, weshalb die Insel auch unter Naturschutz steht.

Das in den mittelalterlichen Stadtkellern untergebrachte **Poole Museum** präsentiert die Geschichte der Stadt von der frühesten Besiedelung über die maritime Historie bis hin zu der regionalen Töpferkunst. Besonderes Highlight ist ein »logboat«, eine Art Einbaum, mit dem die frühesten Siedler die Küstengewässer befuhren (4 High Street, in Renovierung, Neueröffnung Ende 2024, www.poolemuseum.org.uk).

RESTAURANT

Fisch und Meeresfrüchte isst man hervorragend im **€€–€€€ Poole Arms**, dessen dunkelgrün geflieste Fassade nicht zu übersehen ist (The Quay, www.poolearms.co.uk).

INFORMATION

Poole Tourist Information, Poole Museum, 4 High Street, Poole BH15 1BW, www.pooletourism.com

ISLE OF PURBECK

Die Halbinsel mit der schwarzen Felsenküste ist eine Zauberlandschaft, in der sich weithin sichtbar die Ruine von Corfe Castle erhebt. Hier findet man die höchste Dichte an Wildblumen in ganz England. Botanik-Begeisterte kommen insbesondere wegen der Großen Spinnen-Ragwurz (Ophrys sphegodes), einer Orchidee mit rot-brauner Blüte. Anfang Mai verwandeln sich Purbecks Wiesen in Blütenfelder des Wilden Knoblauchs.

SEHENSWERT

Die Ruine von **Corfe Castle** wird heute vom National Trust verwaltet. Die traurigste Anekdote ihrer langen, blutigen Geschichte ereignete sich

Die Ruine von Corfe Castle (Isle of Purbeck).

im Jahr 978, als hier der sächsische König Edward ermordet wurde und schließlich als Edward der Märtyrer in die Annalen einging (The Square, Corfe Castle, Wareham, www.nationaltrust.org.uk/visit/dorset/corfe-castle).

Die **Swanage Railway** verkehrt heute nur noch als eine Touristenattraktion zwischen Wareham und Swanage. Der Dampf ihrer Lokomotive ist weit übers Land zu sehen (Station Road, Swanage, Fahrplan unter www.swanagerailway.co.uk).

Vor Studland im Osten der Halbinsel liegen markante Kreidefelsen, genannt **Old Harry Rocks**.

In **Worth Matravers** sind die Cottages malerisch um den Dorfteich gruppiert.

HOTELS UND RESTAURANTS

Nur ein Streifen gepflegter Rasen liegt zwischen den Panoramfenstern des Speiseraums im **€€€ Pines Hotel** und dem Strand, zu dem eine Felsentreppe hinunterführt (Burlington Road, Swanage, www.pineshotel.co.uk).

Das **€€€ Mortons Manor Hotel** ist eine altehrwürdige Dreiflügelanlage mit komfortablen Zimmern und einem eleganten Restaurant (East Street, Corfe Castle, www.mortonsmanor.com).

Auf dem Weg zum Strand von Kimmeridge kommt man am romantisch gelegenen **€€ Clavell's Restaurant** vorbei: Naturstein, Reetdach, und schon das Frühstück mit Pfannkuchen, Blaubeermuffins und Bacon and Eggs ist ein Gedicht (Kimmeridge, www.clavellsrestaurant.co.uk).

INFORMATION

Discover Purbeck Information Centre
Wareham Library, Wareham BH20 4LR
www.visit-dorset.com/explore/areas-to-visit/purbeck

4 WEYMOUTH UND DIE ISLE OF PORTLAND

Der Ferienort Weymouth (52 200 Einw.) ist das Tor zur Isle of Portland (12 800 Einw.). Bei den Olympischen Spielen 2012 wurden hier die Segelwettbewerbe ausgetragen. Sir Christopher Wren, Architekt der St Paul's Cathedral in London, ließ sein Lebenswerk aus dem besonders feinen, hellen Portland-Sandstein erbauen, der auf der Halbinsel abgebaut wird.

SEHENSWERT/MUSEEN

Weymouths Esplanaden, ein weites Terrassenrund aus dem späten 18. Jh., beherbergen Appartements, Hotels und stilvolle Geschäfte. Die **Jubilee Clock** wurde 1887 zu Ehren von Queen Victoria errichtet. Von der **Weymouth Marina** kann man mehrmals täglich den beeindruckenden Zweimaster Moonfleet beobachten – oder selbst Hand anlegen (Moonfleet Adventure Sailing, 6 Hamm Beach Road, www.moonfleetsailing.com). Ein beliebtes Fotomotiv im Süden der Insel ist der Pulpit Rock: Im 19. Jh. wurde eine natürliche Brücke als Steinbruch genutzt und ein gewaltiger Steinblock gegen den Felsenrest gelehnt.

Das **Portland Museum** befindet sich in einem bildschönen, reetgedeckten Cottage und widmet sich dem Leben auf der Halbinsel, von Dinosauriern über die Verarbeitung des Portland Stone bis zu den exzentrischsten Bewohnern (217 Wakeham, www.portlandmuseum.co.uk).

Das **D-Day Centre** im Admiralitätsgebäude erinnert an die Rolle der Isle of Portland bei der Besetzung der Normandie im Zweiten Weltkrieg (Admiralty Buildings, Castletown, Mo., Mi., Fr. bis So. 10.30–15.30 Uhr, www.ddaycentre.com).

VERANSTALTUNG

Jeden Sommer finden am langen Sandstrand von Weymouth die international renommierten **Beach Volleyball Classics** statt (www.weymouthbeachvolleyball.co.uk).

HOTELS UND RESTAURANTS

Luxuriös und familienfreundlich ist das **€€€ Moonfleet Manor Hotel** mit Schwimmbad, Bowlingbahn, Spa und herrlichem Blick aufs Meer (Fleet Rd, www.moonfleetmanorhotel.co.uk).

Im **€€ Rockfish** schaut man auf den Hafen und seine herrlichen Produkte auf dem Teller (48–49 The Esplanade, Weymouth).

In der **€–€€ Dorset Burger Company** gibt's auch Veggie Burger (6 King St, Weymouth, www.thedorsetburgercompany.co.uk).

UMGEBUNG

Abbotsbury Swannery (knapp 17 km südwestl. von Weymouth) ist die einzige Kolonie nistender Höckerschwäne weltweit. Besucher gehen auf Holzstegen hindurch und kommen den Tieren ganz nah (New Barn Rd, Abbotsbury, Öffnungszeiten unter https://abbotsburyswannery.co.uk). Von hier aus erreicht man auch **Chesil Beach** mit Blick auf die Isle of Portland.

INFORMATION

Weymouth Tourist Information
Centre, 1 Hope Street, Weymouth DT4 8TU,
https://weareweymouth.co.uk

5 DORCHESTER

Das lebhafte Marktstädtchen (16 200 Einw.) wurde 70 n. Chr. von den Römern gegründet. Die Maumbury Rings am südlichen Stadtrand waren ein Kultplatz der Eisenzeit und wurden von den Römern zum Amphitheater umfunktioniert. Im 17. Jh. war die Stadt das Zentrum der puritanischen Auswanderung nach Nordamerika, wo die Auswanderer im heutigen Massachusetts ein neues Dorchester gründeten.

SEHENSWERT/MUSEEN

Die großzügige **St Peter's Church** (Corn Market) ist ein Symbol für den Wohlstand der Stadt im Mittelalter. Das **Terrakotta Warriors Museum** präsentiert als einziges Museum außerhalb Chinas Repliken der lebensgroßen Kriegerstatuen aus dem Grab Kaiser Qin Shihuangdis' aus dem 3. Jh. v. Chr. (High East Street/Salisbury Street, April–Okt. tgl. 10.00–17.00, sonst 10.00–16.30 Uhr, www.terracottawarriors.co.uk).

Das **Dorset Museum & Art Gallery** beherbergt einige Schlüsselfossilien der Region (High West Street, tgl. 10.00–17.00 Uhr, www.dorsetmuseum.org). Für Kinder im Dinofieber eignet sich das **Dinosaur Museum** (Icen Way, tgl. 10.00 bis 16.00 Uhr, www.thedinosaurmuseum.com).

UMGEBUNG

Am Westrand der Stadt liegt das Dorf **Poundbury**, das als Modellort in Sachen Nachhaltigkeit gestaltet ist, maßgeblich nach den Vorstellungen von König Charles III. Die rätselhafte Kreidefigur eines Riesen am Hang gibt es gegenüber des kleinen Örtchens **Cerne Abbas** zu bestaunen, etwa 10 km nördlich von Dorchester.

INFORMATION

Tourist Information Point, Shire Hall Museum,
High West St, Dorchester DT1 1UY, https://discoverdorchester.co.uk/place/tip-shire-hall-museum

LYME REGIS

Lyme Regis (4500 Einw.) ist das Tor zur Jurassic Coast, wenn man von Westen kommt. Hübsche Häuser bevölkern die Bucht und ziehen sich dicht an dicht den Hang hinauf. Von hier aus erwandert man lauschige Badebuchten und begibt sich auf Entdeckungsreise in die Erdgeschichte.

DEN DINOS AUF DER SPUR

Bei Ebbe kommen die Sammler in Scharen an die Strände der Jurassic Coast, denn unter den Klippen finden sich versteinerte Tierwesen aus 190 Millionen Jahren Erdgeschichte. Am häufigsten sind Ammoniten, tintenfischähnliche Unterwasserwesen mit spiralförmigen Gehäusen. 350 Millionen Jahre lang bevölkerten sie mit bis zu 40 000 Arten die Meere unseres Planeten. Als eine Faustregel für Hobby-Paläontologen und Souvenirjäger gilt: Wenn du es tragen kannst, darfst du es mitnehmen.

***Geführte Touren** rechtzeitig buchen: z. B. in Charmouth unter https://charmouth.org/chcc/category/fossil-events oder in Lyme Regis unter https://lymeregisfossils.net/lyme-regis-fossil-walks*

SEHENSWERT/MUSEEN

Die mächtige geschwungene Hafenmauer **The Cobb** ist Hotspot für Krabbenfischer und hat es in Jane Austens Roman »Überredung« geschafft.

Das **Lyme Regis Museum** residiert in einem viktorianischen Gebäude mit modernem Anbau und Blick über den Hafen. Geologie, Fossilien und ihre Entdecker – allen voran die Fossiliensammlerin Mary Anning (s. Special S. 60) – werden auf mehreren Etagen thematisiert (Bridge Street, Di.–Sa. 10.00–17.00, So. 10.00–16.00 Uhr, www.lymeregismuseum.co.uk).

In der alten Wassermühle **Town Mill** bekommt man die antike Technik erklärt, kann aber auch beim Mahlen zusehen und das Mehl kaufen. Künstler der Region stellen in der Galerie ihre Werke aus (Mill Lane, www.townmill.org.uk).

HOTELS UND RESTAURANTS

Gemütlich und kinderfreundlich sind die Natursteinhäuschen der **€€ Berehayes Holiday Cottages**. Ein schickes Hallenbad versüßt auch die regnerischen Tage (Berehayes Farm, Whitchurch Canonicorum, www.berehayes.co.uk).

Die runde Ecke des **€€€€ Pilot Boat B&B** ist schon von Weitem zu erkennen. Exklusive Zimmer mit maritimem Touch empfangen den müden Wanderer; das **€€€ Restaurant** ist eine Mischung aus Edel-Pub und Pizzeria (1 Bridge Street, https://thepilotboat.co.uk).

Das **€-€€ Tierra Kitchen** hat sich der vegetarischen Küche verschrieben (1A Coombe Street, www.tierrakitchen.co.uk).

INFORMATION

Lyme Regis Visitor Information unter: www.visit-dorset.com/lyme-regis/visitor-information

7 SHAFTESBURY

Shaftesbury (6700 Einw.) liegt ganz im Norden der Grafschaft, fernab der berühmten Küste. Dennoch ist es Dorsets ganzer Stolz, eine Ikone des ländlichen England.

SEHENSWERT/MUSEEN

Das typische Bild der Stadt prägt der Ausblick vom **Gold Hill** auf seine steile Gasse mit Kopfsteinpflaster. Ein Spaziergang auf dem **Park Walk** führt zu weiteren fantastischen Aussichten über das liebliche Tal von Blackmore. An klaren Tagen kann man bis zum Glastonbury Tor sehen. Die **Abtei von Shaftesbury** war im Mittelalter das Herz der Gegend und ein Anziehungspunkt für Pilgerscharen. Nach der Reformation fiel es der Verwüstung anheim, aber eine preisgekrönte Ausstellung lässt den ehemaligen Glanz erahnen (Shaftesbury Abbey Museum and Garden, Park Walk, www.shaftesburyabbey.org.uk).

RESTAURANT

Auf eine lange Tradition blickt man im **€€ King Alfred's Kitchen** zurück: Moderne Cross-over-Cuisine in einem der ältesten Gebäude der Gegend (17 High St, www.facebook.com/p/King-Alfreds-Kitchen-Shaftesbury-100087984969491/).

INFORMATION

Shaftesbury Tourist Information Hub, Morrisons Daily, Bell St, Shaftesbury SP7 8AR, www.shaftesbury-tourism.co.uk

WO FLIEGEN SIE DENN?

»Birder« nennt man im Englischen jene Menschen, deren Leidenschaft die Vogelbeobachtung ist. Im Prinzip geht das auch vom Frühstückstisch aus, aber auf der Isle of Purbeck Papageientaucher zu beobachten oder der eleganten Uferschnepfe in Weymouth zuzusehen, ist doch deutlich reizvoller!

Was die Briten schon seit Jahrzehnten mit Leidenschaft betreiben, wird nach und nach überall in der westlichen Welt zum Trend: bei Wind und Wetter der vielfältigen Schönheit der Natur auf der Spur. Für das Birdwatching braucht man nur ein Fernglas und etwas Geduld. Es ist diese Mischung aus Beruhigung und Begeisterung, die die gestresste Seele ergreift, wenn man seit dem Morgengrauen auf leisen Gummistiefelsohlen unterwegs war und dann tatsächlich im Röhricht die selten gewordene Rohrdommel an ihrer gestreckten Kehle erkennt.

Mit ihrem braunen Federkleid ist die Rohrdommel im Altschilf gut getarnt.

Dorset mit seiner vielgestaltigen Küste bietet zahllosen Arten Lebensraum. Brownsea Island im Naturhafen von Poole zum Beispiel beherbergt verschiedene Arten von Schwalben, Wat- und Möwenvögeln sowie seit den 1990er-Jahren auch den eleganten Seidenreiher mit der langen Kopffeder. Die Fleet Lagoon am Chesil Beach ist eher das Gebiet von Kanadagans, Pfeifente und Blässhuhn.

Geführte Touren gibt es z.B. bei Christchurch Harbour Ornithological Group (chog.org.uk – hier kann man online für 7 Pfund Mitglied werden), Wanderungen und Bootsfahrten bei www.birdsofpooleharbour.co.uk.

Art
of
Africa
Fragrant
Earth
ART of AFRICA
Café SOL
Coffee
Vegetarian &
Vegan
Home made...
With Love
HERITAGE ESTATES
Property Management
Residential &
Commercial Lettings
Sales
Short Term Lets
01458 830877
CafeSOL

Somerset und Avon

*

ZWISCHEN DEN WELTEN

*

Verträumte Dörfer, zauberhafte Kleinstädte und viele Hügel prägen die beiden Grafschaften, von den Ausläufern der Cotswolds über die Wiesenlandschaften um Glastonbury bis zum Exmoor National Park. Die Stadtgrenzen von Bristol und Bath liegen nicht einmal 20 Kilometer auseinander – gesehen haben sollte man beide, denn erst in den Gegensätzen entfaltet sich ihr ganzer Reiz.

New-Age-Shops in Glastonbury: Was Mythen und Legenden angeht, sind der Fantasie hier keine Grenzen gesetzt.

Der historische Pump Room (Kursaal) in den restaurierten alten Bädern von Bath.

Bereits die Kelten schätzen die einzigen heißen Quellen in England, aber erst die Römer wussten sie durch ihre Thermenkultur wirklich zu erschließen. Wie viele andere kulturelle Errungenschaften fielen nach ihrem Rückzug aus Britannien auch die Thermen von Bath dem Vergessen anheim, und ihre Gebäude versanken buchstäblich im Schlamm. Doch ab dem 18. Jahrhundert ging es steil bergauf für das Städtchen, das sich nun unaufhaltsam zum mondänen Kurbad von Weltruhm entwickelte. Allerdings wurde das Heilwasser jetzt lieber getrunken – das vertrug sich auch besser mit der aufwendigen Garderobe, die die gesellschaftlichen Verpflichtungen der Zeit erforderten.

ALTER BÄDERGLANZ

Der Klassizismus hat Bath einen einheitlichen Look und viele architektonische Highlights beschert, zum Beispiel die Pulteney-Brücke mit ihren beidseitigen Ladenzeilen, die der epochenprägende Architekt Robert Adam in den 1770er-Jahren entwarf. Zur selben Zeit plante John Wood den Royal Crescent, die vielleicht spektakulärste Mietskaserne, die die europäische Stadtarchitektur zu bieten hat. Ein Picknick auf dem Rasen davor ist sicher nicht zufällig eines der beliebtesten Motive auf Instagram.

»VON WUNDERBAR EINZIGER SCHÖNHEIT IST DER ANBLICK DER STADT.«

Johanna Schopenhauer 1803 über Bath

NEUER HAFENGLANZ

Bis in die 1990er-Jahre war Bristol bestenfalls etwas für Eingeweihte. Kulturfreunde kamen, um sich an den architektonischen Innovationen des 14. Jahrhunderts zu erfreuen, am Gewölbe der kleinen Kathedrale und dem reich verzierten Portikus von St Mary Redcliffe. Davon abgesehen wirkte die Hafenstadt an der Avon-Mündung dort am interessantesten, wo sie etwas zwielichtig war und beispielsweise aus »Graffiti-Schmierereien« Street Art wurde. Auch wenn es dem legendären Sprayer Banksy bis heute gelungen ist,

Die Pulteney Bridge in Bath trägt auf ihren drei Bogen zwei schmale Ladenzeilen.

An Jane Austen, die in den Jahren 1801 bis 1806 in Bath lebte, erinnert ein nach ihr benanntes, jährlich stattfindendes Festival in der Stadt.

Aus 3000 Metern Tiefe sprudelt das 46,5 °C warme Quellwasser der Roman Baths hervor, in dem sich hier die Abteikirche spiegelt.

Royal Crescent in Bath: Dreißig Häuser, im weiten Halbrund gebaut, werden durch 114 ionische Säulen gegliedert und optisch zu einer Einheit zusammengefasst.

Auf dem überdachten St Nicholas Market in Bristol gibt's neben viel Kunsthandwerk auch Leckeres aus aller Welt.

Mit der Einweihung des Stadtmuseums M Shed auf der Princes Wharf wurde die Restaurierung des alten Docks von Bristol abgeschlossen.

»ART SHOULD COMFORT THE DISTURBED AND DISTURB THE COMFORTABLE.« BANKSY

Beliebter Ort für ein Picknick in Bristol ist das College Green der mittelalterlichen Kathedrale der Stadt.

Die Grundsteinlegung der Bristol Cathedral (offiziell: The Cathedral Church of the Holy and Undivided Trinity) erfolgte 1140. Es sollten mehr als 700 Jahre bis zur Fertigstellung des Baus vergehen – hier ein Blick in das Langhaus der geräumigen Hallenkirche.

seine wahre Identität zu verbergen, so zweifelt in der Kunstszene doch kaum jemand daran, dass er aus Bristol stammt.

STADT IM WANDEL

Zur Jahrtausendwende landeten die Stadtväter dann einen echten Coup. Mithilfe von Fördergeldern der EU investierten sie in die Hafenanlagen. Wo früher zwischen heruntergekommenen Lagerschuppen gefälschte Uhren angeboten wurden, gibt es nun auf beiden Seiten des Avon breite Promenaden und spannende Museen. Nach dieser Verwandlung gilt Bristol als eine der lebenswertesten Städte in ganz England – vor allem für junge Familien.

HERAUSRAGENDE NATURSCHÖNHEIT

Auf Landkarten werden die südlich von Bristol gelegenen Mendip Hills mit dem Kürzel AONB bezeichnet, Area of Outstanding Natural Beauty. Damit haben sie den gleichen Schutzstatus wie Nationalparks. Hauptanziehungspunkt ist die Cheddar Gorge, die tiefste Schlucht Großbritanniens. Ihre Steilwände recken sich bis zu 113 Meter in die Höhe und locken Kletterer aus der ganzen Welt.

Der Name der Schlucht ist auch mit einem Hartkäse verbunden, der hier »erfunden« wurde und bereits im Jahr 1655 erstmals schriftlich belegt ist. Noch heute reift er unter den Augen interessierter Besucher mehrere Monate lang in den Höhlen.

Klettern in der Cheddar Gorge. Bis zu 113 Meter hoch ragen die Steilwände der tiefsten Schlucht Großbritanniens auf.

Zudem wurde in der Gough's Cave, einer mehr als zweieinhalb Kilometer langen Tropfsteinhöhle, im Jahr 1903 das rund 9000 Jahre alte, weitgehend erhaltene Skelett des Cheddar Man gefunden: Erst im Jahr 2018 ergaben genetische Analysen, dass der berühmte Steinzeitmann vermutlich eine dunkelbraune Hautfarbe, blaue Augen und dunkle, gelockte Haare hatte. Sogar eine Laktoseintoleranz konnte bei ihm nachgewiesen werden.

KATHEDRALSTADT UND FEENREICH

Am südlichen Rand der Mendip Hills liegt Wells. Nur knapp 12 000 Menschen leben hier, doch ihre Bischofskirche ist eine der mächtigsten und eindrucksvollsten im ganzen Land. Goldgelb leuchten ihre Sandsteinmauern im Sonnenlicht, in den Gärten des Bischofspalasts sprudeln noch immer die Quellen, nach denen die Stadt benannt ist. Zu bestaunen gibt es außerdem die älteste Reihenhauszeile Englands: Vicar's Close. Steigt man bei Sonnenuntergang nahe der Thomaskirche die schmale, schattige Beryl Lane hinauf, kann man von einem großzügigen umfriedeten Feld aus weit über die Stadt hinaus bis zum Turm von Glastonbury sehen. Es ist eine Zauberlandschaft mit kleinen Dörfern, Feldern und feuchten Wiesen, aus denen gegen Abend die Nebel steigen. Da wundert man sich nicht, dass hier das Feenreich aus der Artus-Sage vermutet wird, das sagenumwobene Avalon.

»DA WUNDERT MAN SICH NICHT, DASS HIER DAS FEENREICH AUS DER ARTUS-SAGE VERMUTET WIRD, DAS SAGENUMWOBENE AVALON.«

DIE STADT DER HEXEN UND DRUIDEN

Einmal im Jahr verwandelt sich das kleine Städtchen Glastonbury in einen Hexenkessel, wenn hier Englands bedeutendstes Rockspektakel stattfindet. Es geht zurück auf ein Musikfestival, das im September 1970 erstmals auf einer Milchfarm nahe der Stadt veranstaltet wurde und stark von der Hippie-Kultur beeinflusst war. Bis heute wird diese Tradi-

Inmitten von Heide, Ginster und Heidelbeeren begegnen den Wanderern im Exmoor National Park auch halbwilde Exmoor-Ponys.

Eine herrliche Aussicht belohnt die Wanderer am oberen Ende der in 274 Stufen die Cheddar Gorge hinaufführenden Jacob's Ladder. Dort oben führt auch ein Rundwanderweg, der Cliff Top Walk, vorbei.

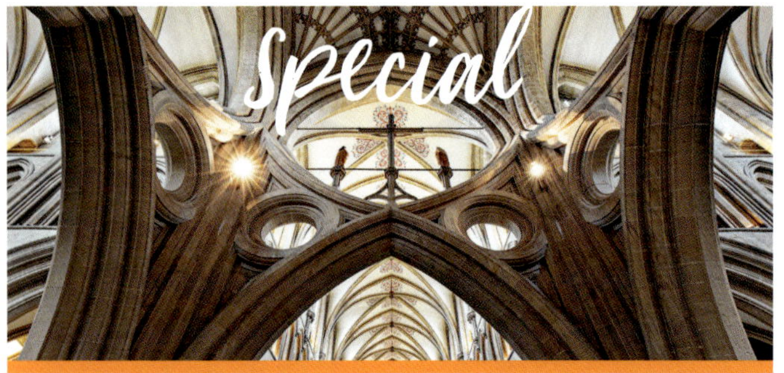

SCHERENBÖGEN VON WELLS

Sie gilt als die schönste aller englischen Kathedralen – nicht zuletzt, weil es ihre Erbauer verstanden, aus einer Not eine Tugend zu machen.

Der Baubeginn der Kathedrale von Wells 1180 wird als der eigentliche Beginn der englischen Gotik angesehen. Wie formenreich sich Maßwerk und Gewölbe bis in das 15. Jahrhundert hinein entwickelten, kann der Besucher im Inneren gut beobachten. Aber zunächst einmal hat man nur Augen für die mächtigen, kräftig profilierten Scherenbögen, die die Vierung verstellen. Sie bestehen je aus zwei gotischen Bögen, die mit den Spitzen aufeinander gestellt und optisch zu riesigen, dynamisch geschwungenen X-Kreuzen zusammengefasst werden. In einer Zeit, als Bauen noch eine Frage von »trial and error« war, mussten sich die Baumeister etwas einfallen lassen, wenn der Vierungsturm zu mächtig geraten war und Gefahr lief, beim Kollaps das gesamte Kirchenschiff zu zerstören. William Joy hieß vermutlich jener geniale Kopf, der in seiner Not diese Formen ersann und damit »seine« Kathedrale für immer unvergleichlich machte.

tion bedient: mit esoterischen Heilungsriten und, so wird erzählt, exzessivem Drogenkonsum. Aus den kleinen Anfängen wurde das Glastonbury Festival of Contemporary Performing Arts – eines der größten Open-Air-Musikfestivals der Welt mit zuletzt mehr als 200 000 Besuchern.

Auch sonst ist Glastonbury beispiellos. Ein Anziehungspunkt für Esoteriker aus aller Welt – aber man muss weder an Feen glauben noch die Große Mutter anbeten, um sich hier wohl zu fühlen. Siebzig verschiedene Glaubensrichtungen wurden gezählt, und alle leben in fröhlichem Einklang miteinander.

TRAUMHAFTE BURG

Nur wenige Burgen sind schöner anzusehen als Dunster Castle. Nähert man sich von der Küste, erheben sich seine Mauern gegen die Hügel von Exmoor. Zu seinen Füßen liegt das idyllische Örtchen gleichen Namens mit seiner pittoresken High Street. Die erste Burg wurde im 11. Jahrhundert von den normannischen Eroberern gebaut und hielt allen Attacken stand, bis im Bürgerkriegsjahr 1650 Cromwells Truppen mit ihren Kanonen anrückten. Sein heutiges Aussehen ist nur scheinbar wehrhaft und eher der viktorianischen Vorstellung davon geschuldet, wie eine mittelalterliche Burg auszusehen habe. Im Inneren ist zu bewundern, wie die Familie Luttrell, die Dunster über 600 Jahre lang bewohnte, die finstere Burg in ein elegantes Familienanwesen umwandelte.

Cricketspieler vor dem ab dem 13. Jahrhundert errichteten Bishop's Palace in Wells, bis heute der Sitz des Bischofs der Diözese Bath und Wells.

Blick von der High Street in Dunster auf Dunster Castle.

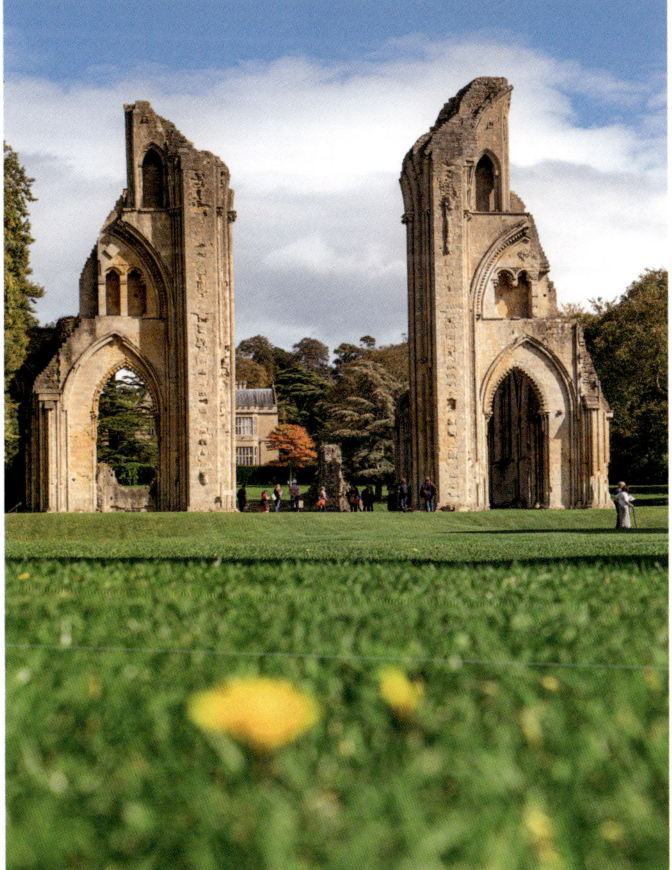

Oben: Ein Meisterwerk der frühen englischen Gotik ist die Kathedrale von Wells.

Links: Der Legende nach soll die Ruine der Glastonbury Abbey die letzte Ruhestätte von König Artus und seiner Frau sein.

Mystische Reisen

ORTE DER KRAFT

Esoterische Reisen und Ausflüge zu spirituell aufgeladenen Kraftorten wie Stonehenge und Avalon erfreuen sich wachsender Beliebtheit und sind stets schnell ausgebucht.

Glastonbury Tor: Wohnsitz eines keltischen Gottes, Aufbewahrungsort des Heiligen Grals.

Was einen Kraftort genau ausmacht, darüber gibt es keine Einigkeit. Von geomantischen Erdnetzlinien, Drachenpfaden oder Magnetfeldern ist die Rede, Steinkreise und Gräberfelder können Kraftorte sein, aber auch Kirchen, Tempel, heilige Quellen oder besonders geformte Felsen. Sicher ist jedenfalls, dass man mit Kraftorten Geld verdienen kann.

EWIGE GESCHICHTE(N)

Tor Webster ist ein uriger Typ mit jungem Gesicht, struppigem Bart und Lederhut. Sein Reisedienst »Tor Webster's Tor Tours« bringt die Klienten auch zu den großen Steinkreisen, nach Wells Cathedral und in den Dartmoor National Park.

»Die Leute erkennen Kraftorte sofort, sie fühlen ihre Energie. Aber sie wollen auch die Geschichte hören«: Websters Klientel kennt die Artus-Sage meist aus Marion Zimmer-Bradleys »Nebel von Avalon« und den Mythos um Maria Magdalena aus Dan Browns »Da Vinci Code«. Die Geschichten sind ewig und faszinieren auch im neuen Gewand.

»Das Erlebnis eines Ortes verstärkt sich, je mehr ich über seine Geschichte und seine Geschichten weiß«, ist sich Webster sicher. »Ich verbinde mich dann durch die Zeit mit allen anderen Menschen, die sich vor mir hier mit diesen Mythen befasst haben.«

INDIVIDUELLE ERFAHRUNGEN

Tatsächlich muss man kein Esoteriker sein, um sich vom Glastonbury Tor, einem 160 Meter hohen Kegelberg (Tor = Berg), magisch angezogen zu fühlen. Ein uralter Prozessionsweg führt spiralförmig hinauf zum Turm der St-Michael-Kirche aus dem 14. Jahrhundert. Oben ist man selten allein. Eine deutsche Reisegruppe hat sich ins Gras gesetzt und lässt sich die Sage erzählen, nach der Josef von Arimathäa bei der Kreuzigung Christi das Blut des Heilands in einem Kelch aufgefangen und ihn nach einer stürmischen Schiffsreise hier oben vergraben habe: den Heiligen Gral, der ewiges Leben oder allumfassende Weisheit oder beides schenkt.

Einige der Reisenden haben am höchsten Punkt des Hügels einen Kreis gebildet und meditieren unter Anleitung des Reiseleiters, Christopher Weidner. Er ist auch systemischer Therapeut und beschäftigt sich schon lange mit Orten der Kraft, hat ein Buch darüber geschrieben. Er glaubt, dass Orte, an denen viele Menschen immer wieder heilende und reinigende Erlebnisse haben, ihre Kraft aus der Konzentration solcher Erlebnisse ziehen – ein Wechselspiel zwischen der Örtlichkeit und einem psychischen Phänomen.

Tor Websters Reisedienst hat seinen Sitz in Glastonbury.

DER MENSCH ALS TEIL DER NATUR

In der Tradition der keltischen Druiden, deren Tradition zum Beispiel in den Sonnenwendfeiern in Stonehenge immer noch gepflegt wird, ist eine Reise immer auch eine Seelenwanderung. Die natürlichen Begebenheiten, Bäume, Kräuter, Tiere, die Form der Hügel, die Linie der Bachläufe, werden erfahren als Spiegel unserer inneren Bilder. Diese Analogie macht den Menschen zu einem Teil der Natur. Er erlebt buchstäblich mit jedem Schritt, dass er sich selbst schadet, wenn er der Natur schadet. Kein Wunder also, dass diese mystischen Erfahrungsreisen so viel Aufmerksamkeit auf sich ziehen in einer Zeit, da die Zerstörung des Planeten kein Mythos mehr ist.

Chalice Well: Heilige Quelle in Glastonbury.

FAKTEN & INFORMATIONEN

Mehrtägige Reisen zu den geheimnisvollen Orten Südenglands bucht man z.B. bei www.kopp-spangler.de oder bei www.marianne quast.de. Wer des Englischen mächtig ist, kann sich auch bei Mehr-Tages-Touren oder Tagesausflügen an den Geschichten erfreuen, z.B. bei www.torstourofthetor.com oder www.divinelight tours.com.

Merthyr Tydfil
Hirwaun
Aberdare
Mountain Ash
Maerdy
Gelligaer
Rhondda
Nant-y-moel
Pontycymer
Ogmore Vale
Gilfach Goch
Tonyrefail
Pontypridd
Beddau
Llantrisant
Llanharry
Bridgend
Cowbridge
Eglwys-Brewis
St. Andrews Major
Llantwit Major
Nash Point
Barry
Penarth
Lavernock Point
CARDIFF
Caerphily
Bedwas
Risca
Abercarn
Blackwood
Bargoed
New Tredegar
Tredegar
Ebbw Vale
Brynmawr
Cwm
Blaenavon
Coity Mountain
Abertillery
Pontypool
Cwmbran
Roman Amphitheatre
Caerleon
NEWPORT
Caldicot
Chepstow
Tintern Abbey
Wyesham
Coleford
Newnham
Whitecroft
Bream
Lydney
Sharpness
Severn
Stonehouse
Stroud
Dursley
Nailsworth
Cotswold
Wotton-under-Edge
Tetbury
Thornbury
Malmesbury
Frampton Cotterell
Yate
Castle Combe
Mangotsfield
Kingswood
Avonmouth
Portishead
Mouth of the Severn
Clevedon
BRISTOL
Nailsea
Yatton
Backwell
Keynsham
Oldland
Chippenham
Calne
Corsham
Bath
Bradford on Avon
Holt
Melksham
Devizes
Chew Magna
Chew Valley Lake
Paulton
Peasedown Saint John
Radstock
Midsomer Norton
Trowbridge
Westbury
Salisbury Plain
Frome
Warminster
Weston-super-Mare
Bristol Channel
Axbridge
Mendip Hills
Cheddar
Caves and Cheddar Gorge
Wookey Hole
Wells
Shepton Mallet
Burnham-on-Sea
Highbridge
Wedmore
Bridgwater Bay
Minehead
Dunster
Watchet
Williton
Exmoor National Park
Brendon Hills
Quantock Hills
North Petherton
Bridgwater
Glastonbury
Street
Evercreech
Bruton
Castle Cary
Wimbleball Lake
Wiveliscombe
Milverton
Taunton
Somerton
Wincanton
Mere
Gillingham
Shaftesbury
Wellington
Black Down Hills
South Petherton
Yeovil
Sherborne
Stalbridge
Sturminster Newton
Ilminster
Chard
Crewkerne
Tiverton
Cullompton
Devon
Dorset
Blandford Forum
Honiton
Axminster
Hunters Lodge Inn
Beaminster
Milton Abbas
Wimborne Min.
Ottery Saint Mary
Sidford
Sidmouth
Seaton
Lyme Regis
Bridport
Dorchester
POOLE
Compton Acres Garden
Cathedral
Exeter
Exmouth
Budleigh Salterton
Lyme Bay
East Devon Coast
Broadwey
Preston
Purbeck Downs
Wool
Wareham
Corfe Castle
Isle of Purbeck
Lulworth Cove
Chesil Beach
Weymouth
Fortuneswell
Isle of Portland
Easton
Bill of Portland
Saint Aldhelm's Head
Dorset Coast
Dawlish
Teignmouth
Babbacombe Bay
Kent's Cavern
Torquay
Paignton
Tor Bay
Brixham
English Channel
Maßstab 1:600.000
0
10km

STADTSCHWÄRMER, GRALSSUCHER

Das Hügelland um Wells und Glastonbury gilt als das Feenreich Avalon aus der Artus-Sage. Ungewöhnlich schroff ist dagegen die Cheddar-Schlucht, die eine gewaltige Kerbe in die Mendip Hills schlägt. Bristol pulsiert vor Leben, und Bath bietet immer noch gehobenes Vergnügen.

BATH

Bath (86 000 Einw.) ist die Grande Dame unter den englischen Kurbädern und Weltkulturerbe. Seit 2021 gehört Bath zusammen mit anderen europäischen Städten wie Baden-Baden und Karlsbad zum UNESCO-Weltkulturerbe »Spa Towns of Europe« (www.greatspatownsofeurope.eu). Badehäuser, Kurhallen, Parks und Wohnanlagen entstanden im 18. Jh. auf dem Reißbrett und verleihen der Stadt einen einheitlich-großzügigen Look. Die modernen Nachfolger von Kur und Salon sind Wellness und Nightlife.

SEHENSWERT/MUSEEN

Grundmauern und Becken der **Roman Baths** (Abbey Churchyard, www.romanbaths.co.uk) stammen noch aus römischer Zeit. Der 1830 eröffnete **Royal Victoria Park** (Marlborough Lane) erstreckt sich über 15 ha. Gegenüber steht der 184 m lange »Halbmond« aus 30 Bürgerhäusern des **Royal Crescent** (1767). Die **Abteikirche** von Bath glänzt mit einem typisch englischen Fächergewölbe aus dem 16. Jh. (Abbey Churchyard, www.bathabbey.org). Ihre Geschichte reicht bis in das 7. Jh. zurück. 973 wurde an diesem Ort Edgar gekrönt, der sich als erster »King of the English« nannte.

Im **No.1 Royal Crescent** kann der Besucher noch sehen, wie ein Mitglied der königlichen Familie in den 1770er-Jahren eingerichtet war, als das Wohnen im Halbrund der Anlage noch der letzte Schrei war (1 Royal Crescent, www.no1royalcrescent.org.uk, Di.–So. 10.30–17.30 Uhr). Das **Fashion Museum** zeigt die Geschichte der Mode anhand von 100 Objekten, die zwischen 1600 und heute entstanden sind (Assembly Rooms, Bennett Street, www.fashionmuseum.co.uk, vorübergehend, aber auf unbestimmte Zeit geschlossen). Eine Ausstellung über das Leben der Jane Austen findet sich im **The Jane Austen Centre** (40 Gay Street, www.janeausten.co.uk, tgl. 9.45–17.30 Uhr, im Winter kürzer). Wer zur Abwechslung etwas *splatter feeling* sucht, geht ein paar Türen weiter ins **Mary Shelley's House of Frankenstein** (37 Gay Street, Mo.–Sa. 10.00–18.30, So. 11.00–17.00 Uhr, www.houseoffrankenstein.com).

AKTIVITÄTEN

Der hochmodern gestaltete Bäderkomplex **Thermae Bath Spa** wurde über einem römischen Bad errichtet und beherbergt mehrere Becken sowie einen Wellness- und Beautybereich. Hier kann man das mineralreiche Wasser innerlich und äußerlich anwenden, aber das Beste ist der Swimming-Pool auf dem Dach (Hot Bath Street, www.thermaebathspa.com, tgl. 9.00–21.30 Uhr).

Pero's Bridge am Floating Harbour, Bristols pulsierendem urbanen Herz.

EINKAUFEN

In den Geschäften entlang der **Milsom Street** findet man u.a. Handtaschen, Küchengeräte und Bodylotion. Der 18-tägige **Weihnachtsmarkt** im Schatten der Abtei wird regelmäßig zu einem der beliebtesten Events in England gewählt. Über 170 Verkaufsstände verteilen sich über das Weltkulturerbe.

HOTELS UND RESTAURANTS

Die perfekte Mischung aus britischem Empire und luxuröser Wellness bietet das **€€€€ Gainsbourough Bath Spa** mit eigenem Thermalbad unterm Glasdach (www.thegainsboroughbathspa.co.uk). Die liebevoll und individuell eingerichteten Zimmer im **€–€€ Brocks Guest House** sind angesichts der zentralen Lage günstig.

Meeresfrüchte und Fish&Chips der gehobenen Art isst man im **€€ The Scallop Shell** (22 Monmouth Place, www.thescallopshell.co.uk). Mit regionaler Küche sowie englischen Weinen und Bränden verwöhnt das **€ The Dark Horse** (7a Kinsmead Square, https://darkhorsebar.co.uk).

UNTERHALTUNG

Falls im **The Second Bridge Nightclub** (www.secondbridge.co.uk) gerade mal kein Promi in Sicht ist, gönnt man sich nebenan im **Earl** (10 Manvers Street) einen raffinierten Cocktail. So hip kann Urlaub sein!

INFORMATION

Bath Tourist Information Centre, Abbey Chambers, Abbey Churchyard, Bath BA1 1LY
www.visitbath.co.uk

BRISTOL

Der River Avon umarmt die Altstadt von Bristol und machte sie vom 11. bis 18. Jh. zu einer der wichtigsten Hafenstädte. Heute ist der Floating Harbour das Herz der Universitätsstadt (536 000 Einw.). Museen und Galerien, Streetart und Straßenmusik, Shoppingcenter und Kulinarisches aus aller Welt präsentieren sich fußläufig.

SEHENSWERT/MUSEEN

Ein Muss für Architekturinteressierte ist die **Kathedrale** von Bristol mit ihrer einzigartigen Gewölbekonstruktion und dem magisch-schönen romanischen Kapitelhaus (www.bristol-cathedral.co.uk). Die **Kirche St Mary Redcliffe** ist berühmt für ihr Südportal aus dem 14. Jh., das Formen der islamischen Kunst zitiert. Die **SS Great Britain** gilt als die Mutter der modernen Schifffahrt, war sie doch das erste Schiff aus Stahl mit Propellerantrieb, das die Ozeane überquerte (www.ssgreatbritain.org, März–Okt. Di.–So. 10.00–17.00, Nov. bis Feb. Di.–So. 10.00–16.00 Uhr).

Über der Altstadt liegt das kreative Viertel **Clifton**: schicke Läden, bunte Häuser, veganes Essen. Von hier aus führt das Wahrzeichen von Bristol, die **Clifton Suspension Bridge** (1864), in luftiger Höhe über die Schlucht des River Avon (www.cliftonbridge.org.uk).

Freien Eintritt hat man im **Bristolmuseum and Art Gallery**, in dem sich Kunst, Natur und Geschichte unter einem Dach vereinen (Queens Rd., www.bristolmuseums.org.uk/Bristol-museum-and-

Clifton Suspension Bridge: Bristols Wahrzeichen.

art-gallery) und im **M Shed** (Princes Wharf, Wapping Rd., www.bristolmuseums.org.uk/m-shed), das sich in einer modernen Multi-Media-Ausstellung der Stadtgeschichte widmet (beide Museen Di.–So. 10.00–17.00 Uhr).

The Royal West of England Academy sammelt bevorzugt Kunstwerke mit Bezug zum Südwesten Englands und organisiert u.a. hochkarätige Ausstellungen zeitgenössischer britischer Kunst. Mehrtägige Kurse (z.B. Ikonen- oder Landschaftsmalerei) stehen jedem offen, sind aber immer schnell ausgebucht (www.rwa.org.uk, Di.–So. 10.00–17.00 Uhr).

AKTIVITÄTEN

Bristol ist die Stadt der Straßenkünstler. Allen voran hat der berühmte Banksy hier seine Spuren hinterlassen. **The Bristol Street Art Tour** führt zu den interessantesten Orten (www.wherethewall.com). Eine leichte und beliebte **Fahrradtour** entlang der ehemaligen Eisenbahntrasse führt ins 20 km entfernte Bath (www.bristolbathrailwaypath.org.uk).

ST NICHOLAS MARKET

Die Halle des St Nicholas Market in Bristol wurde im Jahr 1743 für den Verkauf von Obst und Gemüse gebaut. Heute präsentieren über 60 Stände Delikatessen aus aller Welt. Wer keine Zeit für einen Restaurantbesuch hat, aber trotzdem lecker, hochwertig und günstig essen will, ist hier genau richtig. Besonders beliebt sind der Farmer's Market mit pittoresk angerichteten Produkten der Region und der Slow Food Market mit »handgemachten« internationalen Gerichten.

Corn Street, www.bristol.gov.uk
Mo.–Sa. 9.30–17.00,
Street Food Market Di., Fr. 11–2.30 Uhr

EINKAUFEN

Nicht nur an regnerischen Tagen geht's ab in den **Cabot Circus**: 120 Shops, Cafes, Restaurants inklusive Kino und Minigolf werden von einem gigantischen geschwungenen Glasdach überfangen (www.cabotcircus.com, Mo.–Sa. 10.00 bis 20.00, So. 11.00–17.00 Uhr). Wer es weniger mainstreamig mag, der vergnügt sich rund um den überdachten **St Nicholas Market**. Hier trifft man auf Leckereien aus aller Welt, Kunsthandwerk und die besten Straßenmusiker der Stadt (siehe Tipp).

HOTELS UND RESTAURANTS

Das **€–€€ Berkeley Square House**, gleich am Aussichtsturm Cabot Tower gelegen, kombiniert georgianische Architektur mit kräftigen Farbtupfern beim Interior Design (4 Berkeley Square, https://cliftonhotels.com/bristol-hotels/berkeley-square).

Europäische Küche als Kunst auf dem Teller genießt man im **€€ Tare** (Unit 4, Museum Street, Wapping Wharf, www.tarerestaurant.co.uk). Das **€€–€€€ Pasture** begeistert Fleischesser mit rustikalen Gerichten und üppigen Portionen (2 Portwall Lane, www.pasturerestaurant.com). Typisch englische Backkunst mit Buttercreme in allen Farben des Regenbogens finden Schleckermäuler bei **Anna Cake Couture** (7A Boyces Av, Clifton, www.thisisanna.co.uk).

INFORMATION

Tourist Information Centre
E Shed, 1 Canons Road, Bristol BS1 5TX
www.visitbristol.co.uk

Das Städtchen (10 500 Einw.) am Fuß der Mendip Hills ist eine der kleinsten Städte England, seine Kathedrale eine der imposantesten.

SEHENSWERT/MUSEEN

Wells Cathedral, zwischen den Jahren 1180 und 1260 erbaut, bildet das Herz der Stadt. Auf dem **Cathedral Green** macht man gern ein Picknick, der **Klostergarten** ist auch in Stoßzeiten eine Oase der Ruhe (Cathedral Green, www.wellscathedral.org.uk, So. 11.00–15.00, Mo.–Sa. 9.00 bis 16.30 [Sommer], 10.00–16.00 [Winter]). Nördlich der Kathedrale bestaunt man die älteste Reihenhaussiedlung Englands, den **Vicar's Close** (begonnen 1348). Die Quellen, auf die der Name der Stadt zurückgeht, werden seit dem 13. Jh. von den Mauern des **Bishop's Palace** eingefriedet (The Bishop's Palace, www.bishopspalace.org.uk, Mi.–So. 10.00–17.00 Uhr).

Das **Wells and Mendip Museum** zeigt archäologische und geologische Sammlungen (8 Cathedral Green, www.wellsmuseum.org.uk, Di.–Sa. 10.00–17.00 Uhr).

HOTELS UND RESTAURANTS

Ein viktorianischer Hotel-Traum: Im **€€€ Beryl** sind die Zimmer mit Antiquitäten ausgestattet (Top of Hawkers Lane, www.berylcountryhouse.com).

Dreifach hochgelobt als **€–€€ Hotel, €€–€€€** Restaurant und Bar ist das **The Crown at Wells and Anton's Bistrot** (Market Place, www.crownatwells.co.uk). Durch die Butzenscheiben kann man die Kathedrale sehen.

UMGEBUNG

In der Nähe des Örtchens **Cheddar** (ca. 40 km nordwestl.), das dem berühmten Käse seinen Namen gab, liegt **Cheddar Gorge**, die spektakulärste Felsschlucht Großbritanniens. Auf 5 km durchschneidet sie die **Mendip Hills**. Zum attraktiven Freizeitangebot (www.cheddargorge.co.uk) gehören Besichtigungstouren durch die faszinierende Tropfsteinhöhle **Gough's Cave**, das **Museum of Prehistory**, eine Multi-Media-Show über die frühesten Menschen in der Cheddar Gorge und der Aufstieg aus der Schlucht bis auf einen Aussichtsturm, **Jacob's Ladder and the Lookout Tower**. Über die Jacob's Ladder gelangt man auch auf den fantastischen, etwa 5 km langen Rundwanderweg (**Cliff-Top-Walk**). Wer sich das gesalzene Eintrittsgeld sparen will, fährt auf der Cliff Road Richtung Osten aus der Schlucht. Etwa einen Kilometer hinter der Ortsgrenze, an einer weiten 180-Grad-Rechtskurve, gelangt man kostenfrei auf den Cliff-Top-Walk.

Im Kreuzgang der Kathedrale von Wells.

INFORMATION

Wells Visitor Information Service
Wells Museum, 8 Cathedral Green, Wells
BA5 2UE, www.wellssomerset.com

In Glastonbury (8800 Einw.) wurde der Heilige Gral vergraben, fand König Artus seine letzte Ruhe und gründete Maria Magdalena eine Kirche – und das ist nur ein Bruchteil jener Sagenwelt, von der die kleine, bunte Stadt lebt. Außerdem fühlen sich hier Rock-Festival-Fans, Esoteriker und Künstler pudelwohl, Göttinnen-Conventions finden mit der gleichen Selbstverständlichkeit statt wie andernorts der Wochenmarkt.

SEHENSWERT

Die bunten Läden der **Altstadt** heißen »Sternenkind« oder »Katze und Kessel« und verkaufen Kristalle, Heilkräuter und ausgestopfte Eulen. Selbsterklärte Hexen trifft man im Lebensmittelladen, und wem abends im »George and Pilgrim«, dem ältesten Pub der Stadt, die Männer mit den weißen Bärten am Nachbartisch wie Druiden vorkommen, liegt mit großer Wahrscheinlichkeit richtig. Der einstige Glanz von **Glastonbury Abbey** lässt sich noch gut am äußerst fein und innovativ gestalteten Mauerwerk ablesen. Im Sommer trifft man auf kostümierte Ritter und Marktfrauen am angeblichen Grab von König Artus und seiner Guinevere in der Kirchenruine (**The Abbey Gate House**, Magdalene Street, www.glastonburyabbey.com). Auf dem Hügel über der Stadt wurde ein **Turm** (15. Jh.) errichtet an der Stelle, an der einst der Heilige Gral vergraben gewesen sein soll (www.glastonburytor.org.uk). Die **Chalice Well** (dt. Kelchquelle) ist eine der meist besuchten Quellen in England. Ihr stark eisenhaltiges Wasser gilt seit Jahrhunderten als heilend. Die umgebenden Gärten sind vor allem an heißen Tagen ein Quell der Inspiration (85–89 Chilkwell St, www.chalicewell.org.uk).

EINKAUFEN
Jäger des besonderen Souvenirs aufgepasst: Keramik, Kräuter, Öle und Räucherwerk bekommt man zusammen mit interessanten Tipps und Geschichten im **Star Child** (7 High Street, www.starchild.co.uk). Auf dem Gelände einer alteingesessenen Schuhfabrik entstand das **Clark's Outlet Shopping Village**: Bekannte Marken, gute Preise, dörfliche Atmosphäre (Farm Rd, Street, www.clarksvillage.co.uk).

VERANSTALTUNG
Ein großes Spektakel ist das jährlich auf der Wiese bei der Worthy Farm stattfindende Glastonbury Festival mit den hippsten Pop- und Rockkünstlern (www.glastonburyfestivals.co.uk).

HOTELS UND RESTAURANTS
Einst verbrachten hier die Äbte von Glastonbury ihre Sommerferien, jetzt belegen Gäste aus aller Welt die Himmelbetten von **€€ Meare Manor** (60 St Mary's Road, Meare, www.mearemanor.co.uk). Für die Gäste der Abtei wurde im späten 15. Jh. ein Tudor-Haus erbaut, das noch heute als **€€–€€€ The George and Pilgrims** Reisende beherbergt und verköstigt. Der alte Kutschgang teilt noch immer den Schankraum, sodass einen das Gefühl des Unterwegsseins nie ganz verlässt. Der Schemen einer oft beobachteten Lady in White ist im Preis inbegriffen (1 High Street, www.georgeandpilgrims.com).

INFORMATION
Glastonbury Information Centre, 1 Magdalene St, Glastonbury BA6 9EW, https://glastonburyinformationcentre.co.uk

5 DUNSTER/EXMOOR NATIONAL PARK

Seit über tausend Jahren trotzt **Dunster Castle** seinen Angreifern. Erst Cromwells Kanonen konnten seinen Mauern etwas anhaben (www.nationaltrust.org.uk/visit/somerset/dunster-castle-and-watermill, tgl. 10.00–16.00 Uhr). Kunst, Gärten und Fledermauskolonien begeistern Besucher. Der Ort selbst gehört zu den am besten erhaltenen mittelalterlichen Dörfern Englands. Er liegt in den nördlichen Ausläufern des **Exmoor National Park**, den sich die beiden Grafschaften Devon und Somerset teilen.

INFORMATION
Dunster National Park Centre Dunster TA24 6SE, www.exmoor-nationalpark.gov.uk

HOCH IN DEN LÜFTEN ÜBER DER STADT

Wenn an einem Augustmorgen bei Sonnenaufgang hundert Heißluftballone gleichzeitig in den noch fahlen Himmel steigen, dann ist wieder Bristol Balloon Fiesta. In allen Farben schweben sie über die Stadt, den River Avon und Bristols Wahrzeichen, die Clifton Suspension Bridge. Was im Jahr 1979 als Treffen einiger exzentrischer Tüftler begann, entwickelte sich über die Jahre zu einer Mischung aus Volksfest und Selfie-Orgie – mit bis zu 500 000 Besuchern an vier Tagen!

Die echten Fans finden sich schon morgens um fünf auf dem Gelände des Ashton Court Estate ein, um dabei zu sein, wenn die Fesselballone für den Start präpariert werden. 80 kg Nylon müssen fachgerecht ausgelegt, mit dem Korb vertäut und dann befüllt werden. 3000 Kubikmeter heiße Luft tragen einen Ballon auf bis zu 500 Meter Höhe. Eine Fahrt bei der Fiesta ist begehrt; manche der Passagiere haben ihren Platz schon vor Jahren gebucht.

Aber auch vom Boden aus dem Himmelsballett zuzusehen, hat einen träumerischen Reiz. Abends steigen beim »Nightglow« ausgewählte Ballons auf und betätigen ihre Zünder im Rhythmus der Musik – absolut Kult!

Bristol Balloon Fiesta, Ashton Court Estate, jedes Jahr im August, Fr.–So., allgemeine Infos unter www.bristolballoonfiesta.co.uk

Fahrten bucht man z.B. unter www.eliteairuk.com, www.baileyballoons.co.uk oder www.virginballoonflights.co.uk

Fotos schießt man am besten von der Wiese des Clifton Observatory auf dem Sion Hill aus.

AND THROUGH THE

DIE ZEICHEN DER ZEIT

Mit drei Wörtern wird Hampshire gerne umschrieben: Winchester, Wood and Wight. Die Kathedralstadt lädt zum Bummeln ein, der New Forest zum Draußensein, und die Isle of Wight gilt als England en miniature. In Wiltshire aber lockt das berühmteste prähistorische Monument der westlichen Welt: Stonehenge.

Salisbury Cathedral, eine Perle der englischen Frühgotik, halten viele für die schönste Bischofskirche des ganzen Landes.

Nur etwa eine halbe Stunde benötigen die Whightlink-Fähren von Lymington nach Yarmouth oder von Portsmouth nach Ryde auf der Isle of Wight. Da alle sehenswerten Fleckchen mit öffentlichen Verkehrsmitteln zu erreichen sind, verzichten viele Reisende gerne aufs eigene Auto und genießen auf nur 381 Quadratkilometern viele der südenglischen Schlüsselerlebnisse: Sandstrände mit Pier, Kreidefelsen, Hünengräber, Natursteinkirchen, einen Küstenrundwanderweg und sogar eine Londoner U-Bahn aus den 1940er-Jahren: Diese verkehrt auf den knapp 14 Kilometern zwischen Ryde und Shanklin, der kürzesten Bahnstrecke Großbritanniens.

In Carisbrooke Castle (oben und unten) auf der Isle of Wight wurde in den Jahren 1647 bis 1648 Karl I. gefangen gehalten.

NATURWUNDER IN SICHT

Eine beliebte Outdoor-Aktivität auf der Isle of Wight ist das Sea Kayaking. Im Idealfall paddelt man von Freshwater Beach bei Sonnenaufgang zu den Kreidespitzen The Needles, dem berühmtesten Naturwunder der Isle of Wight. Kulturliebhaber schätzen die Insel für zwei sehr unterschiedliche Highlights: für das Osborne House, die im Stil der italienischen Renaissance erbaute Sommerresidenz von Königin Victoria und ihrer Familie, und für das mehrtägige Rock- und Popfestival im Juni, das als »englisches Woodstock« 1968 seinen Anfang nahm.

»AS EVERY SCHOOLBOY KNOWS, YOU CAN FIT THE WHOLE OF ENGLAND ON THE ISLE OF WIGHT.«

Julian Barnes, »England, England«

DER NEUE WALD

Eine kleine Fähre bringt uns von der Isle of Wight ins heimelige Lymington im New Forest National Park. Die am liebsten bestaunte Attraktion sind hier die Damwildhirsche mit ihrem gefleckten Fell und dem schaufelartigen Geweih. Weniger scheu als die Hirsche sind die frei lebenden Ponys, die sich gern auf Picknick- und Campingplätzen blicken lassen. Aber Vorsicht: Auch niedliche Ponymütter beißen, wenn man ihren Fohlen zu nahe kommt! Insbesondere an heißen Tagen ist der New Forest ein Paradies

»Einen hübscheren Ort kann man sich gar nicht vorstellen«, meinte Königin Victoria über das Osborne House, ihre Sommerresidenz auf der Isle of Wight (alle Bilder).

Avebury Circle: der größte Steinkreis in Großbritannien.

Lacock: Kulisse für die Harry-Potter-Filme.

Stourhead Garden: einer der beeindruckendsten englischen Landschaftsgärten (oben). Rechts: Altstadt von Lymington.

für alle, die gern draußen sind: Auf leichtgängigen Wanderpfaden und Radwegen kann man Wald und Küste erkunden – oder das Beaulieu House besichtigen: Schon in den 1950er-Jahren, als der Landadel überall in England Schwierigkeiten hatte, seine traditionellen Unterkünfte zu finanzieren, stellte der dritte Baron Montagu drei Oldtimer in die Eingangshalle, öffnete sein Heim für Besucher und veranstaltete fortan Jahr für Jahr ein Jazzfestival. Seine Standesgenossen rümpften pikiert die Nase – und machten es ihm dann doch nach.

Seither hat sich die noble Garage zu Englands bedeutendstem Museum für motorisiertes Fahren gemausert. Die Strecke zum Herrenhaus durch die fast 3000 Hektar großen Gärten legen die meisten Besucher mit der Schwebebahn zurück.

HARRY POTTER UND DAS ZAUBERREICH

Bis zum Jahr 2001 war Lacock nur eines unter vielen hübschen Dörfern und Lacock Abbey nur eine unter vielen Klosterruinen Südenglands. Doch dann kam Harry Potter. Oder genauer: Dann kam Warner Brothers und verwandelte die alten Gemäuer in die Zaubererschule Hogwarts. Seither lassen sich auch Kinder für eine Klosterbesichtigung begeistern. Man folge einfach der Harry-Potter-Tour und flüstere an der schweren, hölzernen Eingangstür: »Alohomora!«

Ein Zauberreich ist auch der Landschaftsgarten von Stourhead, insbesondere zur Azaleenblüte und im Herbst, wenn sich die Blätter färben. Erbaut von Sir Henry Hoare, einem Bankier, erzählt das klassizistische Herrenhaus nicht zuletzt, wie im 18. Jahrhundert »das Geld« dem alten Adel die gesellschaftliche Vormachtstellung streitig machte. Für die ausgedehnte Parkanlage holte sich der Besitzer Anregungen in der französischen und italienischen Landschaftsmalerei. Um den künstlich aufgestauten See, den Serpentine Lake, gruppieren sich Brücke und Grotte, Cottage und Tempel, ein gotisches Hochkreuz und ein Nachbau des römischen Pantheons.

NACHTS IN DER KATHEDRALE

Nach Salisbury kommen die Menschen vor allem wegen der Kathedrale. In makelloser Eleganz erhebt sich ihr Turm über das Kirchenschiff wie über die Stadt und reckt sein steinernes Spitzdach 123 Meter hoch in den Himmel. Finanziert wurde der Bau maßgeblich aus der Stiftung einer schillernden Persönlichkeit, vor deren Rittergrabmal die Besucher immer ein bisschen länger stehen bleiben: William Longspée, Graf von Salisbury (gest. 1226). Er war der uneheliche Sohn König Heinrichs II., Halbbruder der Könige Richard Löwenherz und Johann Ohneland (der böse Prinz John aus der Robin-Hood-Legende). Das Gerücht, William sei von einem engen Freund vergiftet worden, hält sich ebenso hartnäckig wie die Behauptung, dass man nachts in der Kathedrale manchmal noch sein Kettenhemd rasseln höre. Sein fein gearbeitetes Grabbild war ursprünglich in leuchtenden Farben bemalt.

Beaulieu Abbey im New Forest: Dieses Zisterzienserkloster wurde bereits im Jahr 1204 von König Johann gegründet.

»BY A LADY«

Das 500-Seelen-Dörfchen Chawton lebt vom und für den Hype um die Autorin Jane Austen (1775–1817), deren Name in keinem ihrer Romane genannt wird. »Es ist eine allgemein anerkannte Wahrheit, dass ein Junggeselle im Besitz eines schönen Vermögens sich nichts mehr wünschen muss als eine Frau«: In diesem berühmten ersten Satz von »Stolz und Vorurteil« ist bereits die Themenlage aller Austen-Romane umrissen – Partnerwahl, Geld und gesellschaftliche Zwänge. Austens Heldinnen kämpfen gegen alle Widerstände um ihr Glück in einer von Vorurteilen geprägten Gesellschaft. Klingt trotz Mieder und Zylinder ziemlich »up to date«, oder?

In Chawton (Abb.) verbrachte die Schriftstellerin die letzten acht Jahre ihres kurzen Lebens. Ihr Bruder Edward war von reichen Verwandten adoptiert worden und hatte seiner Mutter und den unverheirateten Schwestern das Backsteinhaus zur Verfügung gestellt. Hier schrieb Jane Austen an Romanen wie »Emma« und »Sinn und Sinnlichkeit«, deren Heldinnen unsterblich sind.

www.janeaustens.house,
https://chawtonhouse.org

MAGISCHER STEINKREIS

Wer auf der A 303 gen Westen die Ebene von Salisbury durchquert, kann zwischen all den LKW und Bussen schon mal in dumpfes Brüten verfallen. Doch daraus erlöst uns wie ein Paukenschlag ein Anblick: Felsblöcke, aufgeschichtet zu gigantischen Portalen, recken sich in den Himmel und formieren sich zum berühmtesten prähistorischen Bauwerk der westlichen Welt. Stonehenge ist ein Weltkulturerbe und *die* Ikone der Britischen Inseln. Ganz egal, wie viele Postkarten und Kalenderblätter der Steinkreis auch zieren mag – der Anblick vor Ort bleibt ein geradezu magisches Erlebnis. Allein zur Sommersonnenwende kommen bis zu 30 000 Besucher aus aller Welt hierher, um druidischen Ritualen beizuwohnen und die kürzer werdenden Tage zu feiern.

Im Besucherzentrum wird die über 6000-jährige Geschichte des Ortes präsentiert. Archäologen haben in den vergangenen Jahrzehnten immer mehr Erdwälle, Grabhügel und Prozessionsstraßen aus der Erde präpariert, die bisher nur auf Luftbildern auszumachen waren. Zusammen mit den Artefakten aus den umliegenden Grabstätten ergibt sich ein faszinierender Blick in eine Zeit, als die Menschen noch keine schriftliche Überlieferung kannten, aber doch schon zu enormen Kulturleistungen fähig waren.

Ganz gleich, wie viel man von der Welt schon gesehen hat: In Stonehenge werden alle ehrfürchtig. Staunend drehen sie ihre Runden und lassen sich von den steinernen Kolossen in den Bann schlagen.

Kultstätte oder Sternwarte? Die genaue Bedeutung des rund 4500 Jahre alten Steinkreises von Stonehenge gibt den Forschern noch immer Rätsel auf.

Links: Die wie auf dem Reißbrett als geordnetes Schachbrettmuster entworfene Altstadt von Salisbury gilt als Musterbeispiel mittelalterlicher Stadtplanung.

Unten: in der Kathedrale von Winchester.

Links: Blick über den – auch per Stocherkahn zu erkundenden – Avon River auf die Kathedrale von Salisbury.

Die interessantesten Übernachtungen

B&B – UND NOCH VIEL MEHR

Übernachtung mit Frühstück ist womöglich keine originär englische Erfindung, aber hier fand man die Weltformel dafür: B&B. Ungebrochen populär ist Bed and Breakfast in Südengland, aber es gibt auch erfindungs- und erlebnisreiche Alternativen …

1

EINMAL LEUCHTTURMWÄRTER SEIN

Das B&B am Beachy Head ist exklusiv: Nur sieben kleine, gemütliche Zimmer finden in dem stämmigen Turm von 1832 Platz. Um das Bett im Keeper's Loft zu erreichen, muss man eine Leiter erklimmen. Wo früher das Leuchtfeuer brannte, findet sich heute eine Lounge-Landschaft mit 360°-Aussicht auf die Seven Sisters.

€€€–€€€€ The Belle Tout Lighthouse, Beachy Head Rd, Eastbourne BN20 0AE, www.belletout.co.uk

KÖNIGLICH SCHLAFEN

Hever Castle ist berühmt für seine Kunstsammlung und die Gärten – und für Anne Boleyn. Deren »Tugendhaftigkeit« verdankt die Anglikanische Kirche ihr Dasein. Der schwer verliebte König Heinrich VIII. brach mit dem Papst, um sich für sie scheiden zu lassen. Der Rest ist (blutige) Geschichte.
In den Anbauten im Tudor-Stil nächtigt man nach einem Spaziergang durch das berühmte Hecken-Labyrinth wahrhaft königlich.

€€€€ Hever Castle, Hever Rd, Hever, Edenbridge TN8 7NG, www.hevercastle.co.uk

3

3

ROCK 'N' ROLL HOTEL

Wer keine Lust mehr hat auf gepflegtes Understatement, der checkt im Pelirocco ein. Ästhetisch irgendwo zwischen Ziggy Stardust und Rocky Horror Picture Show, ist jedes Zimmer eine eigene, verrückte und liebevolle Show. Es gibt Hängematten, David-Bowie-Perücken und in der Lovers-Lair-Suite sogar eine Stange für den Tanz daran. Der Frühstücksraum ist ein schräger Traum aus Samt und Gold. Das (ba-)rockt!

€€€ Hotel Pelirocco, 10 Regency Square, Brighton BN1 2FG, www.hotelpelirocco.co.uk

ÜBER DEM BODEN SCHWEBEN

Das Kudhva-Areal liegt in einem ehemaligen Steinbruch und verfügt über vier Stelzenhäuser, optisch eine Mischung aus Ufo und Wohnmöbel. Sie erheben sich über Weiden und Rhododendren und geben den Blick frei auf Cornwalls Nordküste. Wer es noch luftiger mag, lässt sich ein Zelt zwischen die Bäume spannen. Lagerfeuer, Außenduschen, Gemeinschaftstoiletten – der perfekte Rückzugsort (kornisch: Kudhva).

Kudhva, Sanding Road, Trebarwith Strand, Tintagel PL34 0HH, www.kudhva.com

5

GLAMPING IM ZAUBERWALD

Zwischen Buchen, Pappeln und Eichen stehen die Yurten des Woodland Workshop. Die hölzernen Stege und Veranden mit knorrigen Holzgeländern verleihen ihnen einen verwunschenen Charme. Innen bieten die Rundzelte, die über die Äste gespannt sind, viel Platz und eine überraschend elegante Gemütlichkeit. Durch den Okulus über dem Bett blickt man in den Sternenhimmel.

€€€ The Guy Mallinson Woodland Workshop, Yonder Hill, Holditch TA20 4NL, www.mallinson.co.uk

6

CHURCH + CAMPING = CHAMPING

Warum nicht mal in einer Grabnische übernachten und auf der Orgelempore frühstücken, sich mit einem guten Buch zwischen Kirchenbänke kuscheln oder etwas Yoga auf dem Friedhof machen? Klingt schräg? Klingt englisch. Der Church Conservation Trust hat einige seiner denkmalgeschützten Kirchen für Übernachtungsgäste geöffnet, u.a. nahe Wells und im Dartmoor National Park.

€€€ www.champing.co.uk

Blenheim Palace
Burford
Witney
Kidlington
Waddesdon
Aylesbury
Aston Clinton
Tring
Wendover
Cirencester
Bibury
Carterton
Eynsham
Wolvercote
Botley
Wheatley
Long Crendon
Thame
Princes Risborough
Berkhamsted
Hemel Hempstead
Chesham
Amersham
Fairford
Lechlade
Thames
OXFORD
Chinnor
Great Missenden
Stockenchurch
Chiltern Hills
Faringdon
Abingdon
Cricklade
Highworth
Vale of White Horse
Ock
Dorchester
Watlington
High Wycombe
Rickmansworth
Beaconsfield
Gerrards Cross
Malmesbury
SWINDON
Purton
Shrivenham
Wantage
Didcot
Wallingford
Marlow
Bourne End
Maidenhead
SLOUGH
Royal Wootton Bassett
Wroughton
Chiseldon
Lambourn
White Horse Hill
Henley-on-Thames
READING
Pangbourne
CAVERSHAM
Theale
Twyford
Windsor
Eton
Calne
Morgan's Hill
Avebury Circle
Kennet
Marlborough
Hungerford
Thatcham
Wokingham
Staines
Loddon
Newbury
Bracknell
Walton
Chertsey
Devizes
Kennet and Avon Canal
Pewsey
Vale of Pewsey
Tadley
Kingsclere
Basingstoke
WOKING
Camberley
Ripley
Farnborough
Hook
Fleet
Salisbury Plain
Ludgershall
North Tidworth
Bulford
Overton
Whitchurch
North Downs
Aldershot
Farnham
East Horsley
Guildford
Andover
Bramley
Elstead
Godalming
Milford
Stonehenge
Amesbury
Bourne
Wylye
Test
Hampshire
Alton
Wey
Cranleigh
Hindhead
Haslemere
Liphook
Nadder
Wilton
Salisbury
Cathedral
New Alresford
Itchen
Winchester
Romsey
Twyford
Eastleigh
Bishop's Waltham
Meon
Hambledon
Petersfield
Petworth
Midhurst
Rother
Pulborough
South Downs National Park
Storrington
Fordingbridge
Totton
SOUTHAMPTON
Horndean
Waterlooville
New Forest National Park
Lyndhurst
Hythe
Hamble
Wickham
Havant
Arundel
Verwood
Ringwood
Wimborne Min.
WEST MOORS
Brockenhurst
Beaulieu
Fawley
Fareham
Lee-on-the-Solent
Emsworth
Chichester
SOUTH HAYLING
Ferndown
Gosport
PORTSMOUTH
Bognor Regis
Littlehampton
Lymington
Solent
Cowes
EAST COWES
Stour
New Milton
Christchurch
The Solent
Spithead
Ryde
Newport
Selsey
Selsey Bill
POOLE
Compton Acres Gardens
BOURNEMOUTH
Totland
Bembridge
Poole Bay
Alum Bay
Sandown
Isle of Wight
Isle of Purbeck
The Needles
Freshwater Bay
Shanklin
Swanage
Durlston Head
Ventnor
Saint Aldhelm's Head
Saint Catherine's Point
English Channel
Maßstab 1:600.000
0
10km

HEILIGE STÄTTEN UND SCHWIMMENDE PALÄSTE

Bis heute faszinieren die Steinkreise von Stonehenge und Avebury sowie die Kathedralen von Salisbury und Winchester. Von Southampton aus werden Waren in alle Welt verschifft, und vor der Küste lockt die Isle of Wight.

1 ISLE OF WIGHT

Die Isle of Wight (139 000 Einw.) ist ein Paradies für Natur-, Sport- und Kulturliebhaber. Die Hotels hier sind früher als irgendwo sonst im Land ausgebucht, und die Schlangen an den Autofähren in Southampton, Portsmouth und Lymington sind sehr lang.

SEHENSWERT/MUSEEN

Im Jahr 1845 kaufte Königin Victoria das **Osborne House** als Rückzugsort für ihre große Familie und ließ es nach Plänen ihres Mannes Albert im italienischen Stilmix umbauen (East Cowes, tgl. 10.00 bis 17.00 Uhr, www.english-heritage.org.uk/visit/places/osborne). Der unglückliche König Karl I. saß auf **Carisbrooke Castle** ein, bevor er 1649 hingerichtet wurde. Heute ist ein Spaziergang auf dem Verteidigungswall die reinste Freude (Newport, tgl. 10.00–17.00 Uhr, www.english-heritage.org.uk/visit/places/carisbrooke-castle).

Wie der Rücken eines Brontosaurus ist das Dach des **Dinosaur Isle Museum** geschwungen. Drinnen erwarten den Besucher Nachbildungen der Urzeitwesen in Originalgröße und Fossilien-Führungen (Culver Parade, Sandown, Di.–Sa. 10.00–16.00 Uhr, www.dinosaurisle.com).

Wer sich für maritime Geschichte begeistert, der besucht das **Classic Boat Museum** (Albany Road, East Cowes, Di. und Fr. 10.00–16.00, Sa. 11.00–16.00 Uhr, www.classicboatmuseum.org) und das **Shipwreck Centre** (Arreton Barns Craft Village, Arreton, Ostern–Okt. 10.00–17.00 Uhr, https://museum.maritimearchaeologytrust.org).

HOTEL

Die gekurvte Fassade des eleganten **€€€€ Wellington Hotel** schlängelt sich am Strand entlang. Balkon und Meerblick stehen allen Gästen zur Verfügung (Belgrave Road, Ventnor, www.thewellington.co.uk).

VERANSTALTUNG

Wie der Name schon deutlich macht, ist **Round The Island Race** eine Segelregatta, die um die ganze Insel herumführt. Das bedeutet unvergessliche Bilder und eine unvergleichliche Stimmung. Dieses Yacht-Rennen wurde zum ersten Mal 1931 durchgeführt (Start/Ziel in Cowes, meistens an einem Sa. im Juni, www.roundtheisland.org.uk).

INFORMATION

Visitor Information Centre
The Guildhall, High Street, Newport PO30 1TY
www.visitisleofwight.co.uk

2 NEW FOREST NATIONAL PARK

Neu kann man den New Forest nicht wirklich nennen, denn er wurde bereits im Jahr 1086 im Domesday Book als »Nova Foresta« erwähnt. Ein paar Jahre zuvor hatte König Wilhelm die Einwohner von 66 Ortschaften vertreiben lassen, um eine königliche Hirschjagd einzurichten. Noch heute sind die Damwildhirsche mit ihrem gefleckten Fell und dem schaufelartigen Geweih die am liebsten bestaunte Attraktion im New Forest. Zudem ist das Gebiet ein Paradies für Outdoor-Aktivitäten und Lymington (15 000 Einw.) sein urbanes Zentrum: Die Hafenstadt zieht besonders Sportsegler an und ist gleichzeitig Anlaufstelle für Ausflügler. Eine Fährverbindung transportiert Gäste und Fahrzeuge auf die Isle of Wight.

MUSEEN

St Barbe Museum and Gallery spezialisiert sich auf alle Bereiche der Region, die Geschichte des New Forest, Naturschutz im Nationalpark genauso wie Künstler am Solent und im New Forest (New Street, Lymington, tgl. 10.00–16.00 Uhr, www.stbarbe-museum.org.uk).

Beaulieu ist alles auf einmal: Automuseum, Kloster, Herrenhaus und submediterraner Garten. Manche kommen auch nur, um den ganzen Tag mit der erhöhten Monorail-Bahn über das Gelände zu fahren (im Sommer tgl. 10.00–18.00, im Winter nur bis 17.00 Uhr, www.beaulieu.co.uk).

HOTELS UND RESTAURANTS

Das **€€€ South Lawn Hotel** bietet Familienzimmer mit dezentem Komfort und einem der besten Restaurants der Gegend, dem **€€€ Cedar Tree Restaurant** (Lymington Rd, Milford-on-Sea, www.southlawnhotel.co.uk).

Romantisch und naturverliebt übernachtet man im **€€€-€€€€ Pig Hotel**. Viele Zutaten für das **€€€ Restaurant** mit Sitzfläche im Glashaus wachsen im Küchengarten, in dem auch die Gäste willkommen sind (Beaulieu Rd, Brockenhurst, www.thepighotel.com).

AKTIVITÄTEN

Ohne Reservierung und Eintrittskarte darf man eine der Hauptattraktionen genießen, den über 80 km langen **Wanderweg The Solent Way** zwischen Milford-on-Sea und Emsworth Harbour mit Ausblicken auf die Küste und die Isle of Wight (Streckenvorschläge unter www.solentway.co.uk).

Ein ruhiger Atem führt zu einer ruhigen Hand. Das lernt man beim **Bogenschießen** in freier Natur (z.B. bei www.newforestactivities.co.uk).

INFORMATION

New Forest National Park
Heritage Centre,
High Street Lyndhurst SO43 7NY,
www.newforestnpa.gov.uk

»Englands grüner Diamant«: Paragliding auf der Isle of Wight.

Rätselhaft: Silbury Hill in der Sailsbury Plain.

3 SALISBURY

Die Entwicklung der heutigen Stadt (45 000 Einw.) begann 1220 mit dem Bau der Kathedrale. Zuvor war die im 4. Jh. v. Chr. gegründete eisenzeitliche Siedlung Old Sarum das Zentrum der Gegend. Die Neugründung gab sich zunächst den Namen New Sarum und erhielt 1227 das Markt- und Messerecht. Damals handelte man mit Tuch und Eisenwaren, heute mit Stadtansichten, Erlebnissen und Souvenirs.

SEHENSWERT/MUSEEN

Wer den Turm der **Kathedrale** einmal gesehen hat, will ihn auch besteigen und die verwinkelten Gassen von oben betrachten. Neben der spektakulären Architektur und der beruhigenden Stille im Kreuzgang sollte man die Ausstellung zur Magna Carta nicht verpassen. In dieser »große[n] Urkunde der Freiheiten« sicherte König Johann Ohneland im Jahr 1215 seinen Baronen weitreichende Rechte und Kontrollfunktionen zu. Sie gilt als die wichtigste Quelle der englischen Verfassung (The Close, www.salisburycathedral.org.uk).

Das **Salisbury Museum** zeigt Siedlungs- und Stadtgeschichte. Besonders eindrucksvoll sind Funde aus den Stonehenge-Grabungen und – allein schon einen Besuch wert – William Turners Aquarell-Ansichten von Salisbury Cathedral. Vom Café-Garten aus hat man Blick auf die Westfassade (65 The Close, tgl. 10.00–17.00 Uhr, www.salisburymuseum.org.uk). Ein »Museum zum Anfassen« ist die **Boscombe Down Aviation Collection**, eine Sammlung von Flugobjekten, deren Cockpits jedem offenstehen (Hangar 1 South, Old Sarum Airfield, www.boscombedownaviationcollection.co.uk).

HOTELS UND RESTAURANTS

Das **€€€ Restaurant im Chapter House** wird besonders für seine Steaks gerühmt. Stilvoll im **€€ Hotel** übernachten kann man hier auch (9–13 St John's Street, www.thechapterhouseuk.com).

Der **€€ Cosy Club** bietet kreative Gerichte in einem Stilmix aus Vintage und Grandezza (49 New Street, www.cosyclub.co.uk).

UMGEBUNG

Old Sarum ist heute nur noch eine riesige, grasbewachsene Wallanlage mit Infotafeln und großartigem Blick auf Salisbury. Besiedelt seit 3000 v. Chr., bewachte es die Kreuzung von zwei wichtigen Handelsstraßen mit dem River Avon. Im 12. Jh. befand sich hier noch eine Stadt mit Kathedrale, Burg und Stadtmauer (Castle Road, tgl. 10.00–18.00 Uhr, www.english-heritage.org.uk/visit/places/old-sarum).

Ein klassizistisches Herrenhaus, umgeben von den wohl meistbeachteten Landschaftsgärten in ganz England, bietet sich dem Besucher in **Stourhead** (ca. 45 km nordwestl.). Hier wurde die berühmte Pavillon-Szene in »Stolz und Vorurteil« mit Keira Knightley gedreht (Stourton, Warminster, Öffnungszeiten unter www.nationaltrust.org.uk/stourhead).

INFORMATION

Salisbury Information Centre
Old George Mall, Fish Row, Salisbury SP1 1EJ, https://salisburycitycouncil.gov.uk

4 SALISBURY PLAIN

Flusstäler winden sich durch das von Kalkstein geprägte offene Grasland der Ebene von Salisbury. Sie ist übersät mit Hinweisen auf die Bedeutung dieses Landstrichs für frühere Kulturen. Warum sie gerade hier entstanden, könnte mit dem Wegesystem zu tun gehabt haben. Um die sumpfigen Niederungen zu vermeiden, führten die alten Fernwege auf den Höhen der südenglischen Hügelketten entlang. In dieser Ebene treffen sie aus allen Himmelsrichtungen zusammen.

SEHENSWERT/MUSEEN

Die beiden zentralen Denkmäler sind die Steinkreise von **Stonehenge** und **Avebury**. In ihrem »Dunstkreis« finden sich zahlreiche Denkmäler der Megalithkultur, die als »Stonehenge, Avebury and Associated Sites« ein Weltkulturerbe der UNESCO bilden. Es lohnt sich, vom Besucherzentrum in Stonehenge die Viertelstunde zum Steinkreis zu wandern, denn die Landschaft ist voller Ritualwege, Grabhügel und Wallanlagen, die erst im letzten Jahrzehnt näher erforscht wurden. Eine Multi-Media-Ausstellung gibt Einblicke in die Geschichte der Anlage. **Silbury Hill**, den größten künstlichen prähistorischen Hügel Europas, hielt man lange für einen Grabhügel. Doch die Archäologen konnten nie eine Grabkammer finden. Dafür entdeckten sie im Inneren Seile, die mit der Radiokarbonmethode auf 2165 v. Chr. datiert werden konnten.

In einer sehr modern gestalteten Ausstellung erzählt das **Wiltshire Museum** in Devizes die Geschichte der Ebene von Salisbury und präsentiert bedeutende Grabfunde (41 Long Street, Devizes, Mo.–Sa. 10.00–17.00 Uhr, www.wiltshiremuseum.org.uk).

AKTIVITÄTEN

Salisbury Plain Safaris bietet geführte **Touren** zu den kleinen und großen Attraktionen der Region, im Jeep oder zu Pferde (The Bustard Inn, Rollestone Hamlet, Shrewton, Salisbury, www.salisburyplainsafaris.co.uk). Der Kennet & Avon Canal Trust bietet **Kanalfahrten** in »Narrow Dogs« – schmale Boote mit kleiner Kabine, die extra für die engen englischen Kanäle konzipiert und unter Binnenschiffern Kult sind (The Wharf, Devizes, https://katrust.org.uk/charters).

UMGEBUNG

Lacock (ca. 24 km östl. von Avebury) ist ein Bilderbuch-Dorf, dessen Geschichte eng mit dem Kloster verknüpft ist (Lacock Abbey, Lacock, Chippenham, www.nationaltrust.org.uk/visit/wiltshire/lacock). Als Drehort mehrerer Harry-Potter-Filme erreichte es in den letzten Jahren wohl mehr Aufmerksamkeit als je zuvor in seiner rund 1000-jährigen Geschichte.

INFORMATION

Stonehenge Visitor Centre, Winterbourne Stoke, Salisbury SP4 7DE, www.english-heritage.org.uk/visit/places/stonehenge

5 WINCHESTER

Winchester (45 000 Einw.) wurde schon in der Eisenzeit besiedelt. Die Römer versahen den Ort mit einem heute noch sichtbaren Straßennetz. Im frühen Mittelalter war dies die Hauptstadt des angelsächsischen Königreiches Wessex – und das markierte erst den Beginn des Aufstiegs. Jahrhunderte lang war die Diözese von Winchester eine der reichsten, und ihre Bischöfe gehörten zu den mächtigsten in ganz Europa.

SEHENSWERT

»Lass uns einen Spaziergang in der Kathedrale machen«, ist hier eine beliebte Redewendung, denn **Winchester Cathedral** ist mit 170 m die zweitlängste Kirche der Welt. Im Mittelalter war die Stadt durch Wollhandel und Pilgereinnahmen am Schrein des hl. Swithun bedeutend geworden, was sich insbesondere in den atemberaubenden Grabmalarchitekturen spiegelt (Mo.–Sa. 9.00–17.00, So. 12.30–15.00 Uhr, www.winchester-cathedral.org.uk). Ein Muss für alle Architektur-, Geschichts- und König-Artus-Fans ist **Winchester Great Hall** mit der runden Tafel von König Edward III. (The Castle, Castle Av., www.visitwinchester.co.uk/listing/the-great-hall).

Das 1382 gegründete **Winchester College** gilt als älteste noch bestehende Lehranstalt des Landes. Dass sie einer kirchlichen Institution entspringt, lässt sich bis heute am Kreuzgang und

DIE TAFELRUNDE

In Winchester Great Hall, einer der schönsten Hallenarchitekturen des Mittelalters, ist eine riesige bemalte runde Tischplatte zu besichtigen. Sie galt lange als jene Tafelrunde, an der König Artus mit seinen Rittern gegessen, getrunken und künftige Abenteuer geplant haben soll. Doch später stellte sich heraus, dass König Edward III. sie im 14. Jahrhundert anfertigen ließ, um die Tugenden der Ritterschaft mit seinen Getreuen zu feiern – nach Artus' Vorbild.

der beeindruckenden Kapelle ablesen (College St, nur mit Führung, siehe www.winchestercollege.org/visit-us).

HOTELS UND RESTAURANTS
Wer es sich richtig gut gehen lassen will, findet im **€€€€ Lainston House Hotel** einen luxuriösen Mix aus Antiquitäten und zeitgenössischem Design unter einem Dach mit einem exquisiten **€€€ Restaurant** (Woodman Lane, Sparsholt, www.exclusive.co.uk/lainston-house). Das **€€€ King Alfred** ist ruhig gelegen und trotzdem nur zehn Fußminuten von der Kathedrale entfernt. Im gemütlichen **€€ Pub** gibt's Traditionelles (https://the.littlepubgroup.co.uk/the-king-alfred).

EINKAUFEN
Am 2. und 4. So. im Monat findet im Zentrum der berühmte **Bauernmarkt** von Winchester mit weit über hundert Ständen statt.

INFORMATION
Winchester Tourist Information Centre
Winchester Guildhall, High St, Winchester
SO23 9GH, www.visitwinchester.co.uk

6 SOUTHAMPTON

Berühmt ist Southampton (254 000 Einw.) für eine lebhafte Kulturszene und seinen Kreuzfahrthafen, in dem schwimmende Paläste wie die Queen Mary II oder die Oriana ihre Heimat haben. Zudem ist dies Europas größter Ölumschlagplatz. Im Jahr 1912 startete hier die Titanic zu ihrer ersten und letzten Reise.

SEHENSWERT/MUSEEN
Am besten beobachtet man Segelboote und Ozeanriesen vom **Mayflower Park** (Bugle Street) oder vom **Weston Shore** aus, einem schmalen Kiesstrand mit Blick auf Southampton Water und den River Itchen (nähere Infos unter www.cruisesouthampton.com). Das **Southamptons Cultural Centre** rund um die berühmte Konzerthalle Guildhall (W Marlands Road, www.o2guildhallsouthampton.co.uk) bietet Galerien, Museen, Theater und Straßencafés.

Das **SeaCity Museum** widmet sich interaktiv der Schifffahrts- und Meeresgeschichte mit dem Schwerpunkt auf der Titanic (Havelock Rd, tgl. 10.00–17.00 Uhr, www.seacitymuseum.co.uk).

Die kostenlose **City Art Gallery** zeigt englische Malerei von Gainsborough bis zu zeitgenössischen Künstlern (Civic Centre, Commercial Rd, Mo.–Fr. 10.00–15.00, Sa. 10.00–17.00 Uhr, www.southamptoncityartgallery.com).

HOTELS UND RESTAURANTS
Das **€€-€€€ Dolphin Hotel** war bereits vor 500 Jahren Anlaufstelle für gehobenen Geschmack (34 High Street, www.dolphin-southampton.com). Junge Leute zieht es ins Brauereipub **Dancing Man Brewery** in einem alten Lagerhaus (Town Quay, www.dancingmanbrewery.co.uk). In den kleinen **Restaurants und Pubs in der Oxford Street**, zwischen Hafen und Stadtmauer, kehren Einheimische gern ein.

INFORMATION
Southampton Tourist Information Centre
9 Civic Centre Road, Southampton SO14,
https://visitsouthampton.co.uk

PUNTING AUF DEM RIVER AVON

Auch wenn das Wort Punting im Deutschen einfach »Stocherkahn fahren« bedeutet: Sich abseits des städtischen Trubels in weiche Kissen zu legen und auf einem schmalen Kahn an Salisburys Altstadt vorbei zu gleiten, ist eine romantische Sache.

Wer am Rose and Crown Hotel – vorsichtig! – den schlanken Kahn besteigt, wird relativ bald vom »punter« darüber informiert, dass es sich hierbei nicht um eine Gondel handelt. Gondeln sind schmale Boote, die über ein Langruder angetrieben werden. Punts dagegen haben keinen Kiel und sind deshalb für das Befahren von flachen Gewässern geeignet. Mit dem langen Stab wird das Boot angetrieben und erstaunlich präzise gelenkt.

Der River Avon ist ein behäbig dahinfließendes Gewässer zwischen Buschwerk, Trauerweiden und Feuchtwiesen – ein wunderbares Beispiel dafür, welch fantastische Biotope inmitten einer lebhaft-quirligen Stadt möglich sind. Enten und Schwäne lehren

ihre Jungen das Schwimmen, Blässhühner tauchen munter ins nasse Grün, ungezählte blaue Libellen schwirren über das Kielwasser ohne Blick für die atemberaubende Aussicht auf die Water Meadows und die Kathedrale, die schon Turner und Constable zu berühmten Gemälden inspirierte. Unterhalten mit Anekdoten über russische Spione und Wasserratten, gleiten wir an den Kathedralgärten wie am Salisbury Museum vorbei, und schon ist die Stunde im gemächlichen Stocherkahn vergangen: wie im Flug.

Die Stocherkahn-Touren (ca. 45 Min.) starten nach Absprache vom Rose and Crown Hotel oder vom Grasmere House Hotel (beide in der Harnham Road).

Zu buchen sind die Touren direkt in den Hotels, beim Tourismusbüro oder über www.salisburypunting.co.uk

Kent und Sussex

*

DER GARTEN ENGLANDS

*

Die sonnige Küste lockt mit Strand und Steilküste, aber der Südosten Englands hat noch viel mehr zu bieten. Zwischen sanften Hügelketten erstreckt sich das Sinnbild der englischen Countryside: prächtige Schlösser und reetgedeckte Cottages, Obstplantagen und Rosengärten.

Märchenhafter Prunkbau mit Zwiebeltürmen, Minaretten, Hufeisenbögen und Chinoiserien im Inneren: der Royal Pavilion in Brighton.

»Seven Sisters« heißt die besonders schön geschwungene Kreidefelsenküste zwischen Eastbourne und Seaford.

Die malerische Altstadt des ehemaligen Fischerstädtchens Folkestone gruppiert sich um die High Street (rechts).

Rechte Seite unten: Strandidyll in Folkestone.

Am beeindruckendsten präsentieren sich die Kreidefelsen von Dover, eine der berühmtesten Ansichten Englands, vom benachbarten Hügel Samphire Hoe bei Sonnenuntergang. Vor 70 Millionen Jahren war dieser Teil des Landes ein flaches Meer, bevölkert von zahllosen winzigen Kreaturen, deren Skelette auf den Meeresboden sanken und jene Felsen formten, die heute Besucher aus aller Welt anlocken.

Nur wenige Kilometer westlich punktet das ehemalige Fischerstädtchen Folkestone mit internationalen Galerien, liebevoll bemalten Fassaden und einem gut besuchten Strand. Wenn die Flut zurückgeht, bleibt über dem Sand ein Wasserfilm zurück und bildet für kurze Zeit eine riesige spiegelnde Fläche. Zeitgenössische Kunstwerke sind überall in den städtischen Raum integriert: Längst ist Folkestone für seine »Artworks« und viele bunte Festivals genauso bekannt wie für die gewaltigen Röhren des Kanal-Tunnels, die hier an die Oberfläche kommen.

»KENT IST FÜR DIE MEISTEN REISENDEN NUR DIE GRAFSCHAFT, IN DER MAN ANKOMMT ODER ABREIST, DABEI HAT ES SO VIEL ZU BIETEN ...«

DAS LÄNDLICHE KENT

Mildes Klima, fruchtbare Böden und die Nähe zur Küste machten den Südosten Englands schon früh zu einem der begehrtesten Siedlungsgebiete der britischen Inseln, ob für Römer, Sachsen oder Normannen. Bis heute werden die Immobilienpreise nur von den angesagtesten Gegenden Londons übertroffen. Kent ist für die meisten Reisenden nur die Grafschaft, in der man ankommt oder abreist, dabei hat es so viel zu bieten: Breite Sandstrände, prächtige Schlösser mit Landschaftsgärten, deren Ideen bis zum heutigen Tag auf der ganze Welt nachgeahmt werden. Dazu kommen die vielen Schätze im Verborgenen, die idyllischen Rosengärten hinter Backsteinmauern, die runden Roast Houses oder die spitz aufragenden Türme der Dorfkirchen.

Über den Ruinen einer 1067 abgebrannten Bischofskirche errichtete man ab 1175 …

… die Kathedrale von Canterbury, deren Türme die Altstadt überragen (oben links, rechts der Kreuzgang).

DIE STADT DER KATHEDRALE

Die mächtige Kathedrale von Canterbury ist das Herz dieser Stadt. Sie ist der traditionelle Krönungsort der Könige und gilt als die schönste und meistbesuchte unter den atemberaubenden Kathedralen Englands. Aber in Wahrheit verdankt sie ihre Berühmtheit einem Mord. »Wer befreit mich von diesem lästigen Priester«, soll König Heinrich II. gerufen haben. – Kurz nach Weihnachten im Jahr 1170 drangen vier Ritter in die Kathedrale ein und erschlugen Thomas Becket, den Erzbischof von Canterbury.

Die Nachricht von Beckets Ermordung lief wie eine Schockwelle durch ganz Europa und machte sein Grab binnen kürzester Zeit zu einer der wichtigsten Pilgerstätten der christlichen Welt. So kommt es, dass viele Pubs und Herbergen der Innenstadt noch auf mittelalterliche Gründungen zurückgehen.

Die alte Grafschaft teilt sich heute in zwei Verwaltungseinheiten: West-Sussex mit der Hauptstadt Chichester und East-Sussex mit der Hauptstadt Lewes. Beide Städte liegen abseits der Küste und sind mit der Kathedrale von Chichester und der Burg von Lewes einen Ausflug wert. Die hauptsächliche Anziehung aber geht in Sussex von der Küste aus. Sie ist reich an fantastischen Ausblicken, zum Beispiel auf die berühmte Hügellinie der Seven Sisters (die eigentlich acht Schwestern sind, wenn man nachzählt).

BRIGHTON – JUNG UND BUNT

An die Wasserkuren und die gediegenen Vergnügungen der »besseren Gesellschaft« vergangener Zeiten erinnern heute nur noch ein paar sanierte Gründer-

SAINT NICHOLAS BARFRESTONE

Die turmlose Kirche steht auf einem Hügel inmitten verwitterter Grabsteine – stellvertretend für die liebevoll erhaltenen Dorfkirchen Englands und doch einzigartig durch ihre normannische Bauskulptur.

Steinerne Köpfe umlaufen die Außenwände fast ganz in luftiger Höhe, die Ostwand hat ein seltenes Rad-Fenster mit kleinen Säulen als »Speichen« (siehe Abb.). Das Tympanon des Südportals zeigt Christus als Weltenrichter nur unwesentlich größer als den Ritter und die biertrinkenden Hunde. Die Halbfigur in der Mitte des Bogens stellt den 1170 ermordeten Erzbischof von Canterbury dar: Thomas Beckett. Auf dem Weg von der Küste zu Becketts Grabstätte nach Canterbury machten die Pilger hier Station. Etwa hundert Jahre nach der Erbauung kamen Skulpturen hinzu, für die extra der feine gelbe Caen-Stein aus der Normandie importiert wurde. »Schatzhäuser der Nation« werden die britischen Dorfkirchen genannt. In Barfreston versteht man, warum.

Eythorne Rd, Barfrestone, Dover CT15 7JQ

Unterwegs im mittelalterlichen Gassengewirr der Altstadt von Canterbury mit ihren schönen Fachwerkbauten.

Von den sechs alten Toren der Stadtmauer von Canterbury ist nur noch eines, das Westgate, erhalten.

Regionale Köstlichkeiten findet man auf dem täglichen Bauernmarkt The Goods Shed.

Shopping in Brighton: Nicht nur im Schuhgeschäft darf es gern ein bisschen ausgefallener sein.

Wahrzeichen britischer Seebadkultur: der 1899 eröffnete Brighton Palace Pier.

»BRIGHTON IST ENGLANDS SEEBAD NUMMER EINS, UND DAS SCHON SEIT DEM 18. JAHRHUNDERT.«

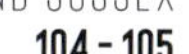

Erhaben: Blick von der Plattform des 173 Meter hohen Aussichtsturms British Airways i360 auf die Promenade von Brighton.

Zum Bummeln und Stöbern in Brighton laden The Lanes ein, ein Labyrinth aus kleinen Gassen mit vielen Läden, Cafés und Restaurants.

zeit-Fassaden sowie der imposante Pier. Denn heute ist Brighton vielfältig bunt, jung und angesagt.

Zwei Universitäten und gute Bedingungen für Start-up-Unternehmen machten den Ort in den letzten Jahren zum Anziehungspunkt für immer mehr Menschen, die die Nähe zur grandiosen Natur der South Downs suchen, aber auf den digitalen Lifestyle nicht verzichten wollen.

Für Reisende entlang der Südküste ist Brighton ein absolutes Muss, verwöhnt es doch mit individuellen Läden, internationaler Küche, selbstgebrautem Bier und extravaganten Cafés. Die Chancen für einen Sonnentag am Strand sind nirgendwo in England besser als in Brighton, und den Blick über die Stadt und auf die Küstenlinie kann man wahlweise vom Riesenrad oder vom Aussichtsturm i360° aus genießen. Wer das Seebad im Mai besucht, wird beim dreiwöchigen Brighton Festival ein Feuerwerk aus Kunst, Musik, Tanz, Theater und Performance erleben, das sich über die ganze Stadt erstreckt.

Wer sich mehr für einen klassischen Tag am Strand und den melancholischen Charme eines viktorianischen Seebades begeistert, dem sei das 20 Kilometer östlich gelegene Eastbourne ans Herz gelegt. Wie Brighton hat es einen eleganten Pier, setzt aber eher auf die Tugenden des traditionellen britischen Badespaßes: imposanter Kiesstrand, gestreifte Liegestühle, Eiscremewagen und Gurkensandwiches.

MODERNE ZEITEN

Apropos Gurkensandwiches: Unter dem Eindruck der vielen internationalen Gäste hat sich in Sachen Verpflegung und Unterkunft ein erstaunlicher Wandel im Süden Englands vollzogen. Intelligentes Design, nachhaltige Materialien und regionale Bio-Produkte sind auch abseits der Tourismushochburgen zum Standard geworden. Zwar servieren die Pubs immer noch Burger und Pasteten, aber kein Gericht gleicht dem anderen, und so manche Fish-and-Chips-Bude wandelte sich zum stylischen Fast-Food-Tempelchen, das stolz seine Plaketten von der letzten Mayonnaise-Olympiade präsentiert.

SUSSEX TOWNS

Zwei besonders fotogene Schmuckstücke bilden eine Klammer um das küstennahe Sussex: die Städte Rye und Arundel. An einem Hügel erbaut, an dessen höchstem Punkt die St Mary's Church wie eine Krone sitzt, beherrscht Rye ein weites Grasland, das bis zur Küste reicht. Heute ist es nur noch schwer vorstellbar, dass Rye im Mittelalter eine bedeutende Hafenstadt war. Doch die Bucht verlandete, der Hafen wurde unpassierbar – Rye war dem Niedergang geweiht. Wo wenig Geld ist, kann wenig erneuert werden, und so erhielt sich der antike Charakter der Altstadt mit windschiefen Fachwerkhäusern und holprigem Kopfsteinpflaster. Dass die Stadt als eine der am stärksten vom Spuk heimgesuchten in ganz England gilt, macht einen Ausflug nach Rye nur noch attraktiver. Allein das Mermaid Inn nimmt mindestens fünf Geister für sich in Anspruch. Aus Dr Syn's Bedchamber berichteten die Übernachtungsgäste am häufigsten von paranormalen Aktivitäten. Im 18. Jahrhundert war das Mermaid Inn die Stammkneipe der berüchtigten Hawkhurst-Piraten. Zu vorgerückter Stunde zeigt der Barkeeper manchmal, wo sie sich einen Geheimgang angelegt hatten.

Der Blick auf Arundel ähnelt in gewisser Weise den bayerischen Ludwigschlössern: Eine mittelalterlich-viktorianische Melange aus Vergangenheit und unseren Träumen von der angeblich »guten alten Zeit«. Auf der einen Seite erhebt sich das mächtige Schloss der Herzöge von Norfolk über die Stadt und den River Arun, auf der anderen Seite sticht die katholische Kathedrale mit ihren neugotischen Türmchen und Zinnen in den Himmel. Die Stadt selbst wusste sich durch und für den Tourismus den Charme der Prä-Einkaufszentren-Ära zu bewahren und lockt mit schönem Kunsthandwerk und liebevoll sortierten Antiquariaten hinter Butzenscheiben.

Im unmittelbaren Hinterland laden die Hügel des South Downs National Parks zu Wanderausflügen und Radtouren ein. Wer die höchste Erhebung, den Black Down nahe Haslemere, erklimmt, überblickt in diesem jüngsten Nationalpark Englands eine Zauberlandschaft mit kleinen Dörfern und Farmen zwischen Baumgruppen aus Birke, Kiefer, Ginster und Heidelbeere. Heckenumstandene Felder dehnen sich aus bis zum blauen Band des Ärmelkanals.

Eine sanft geschwungene Kreidehügellandschaft zum Wandern, Radfahren – und zum Drachen steigen lassen – erwartet die Besucher im South Downs National Park.

Links: Die kopfsteingepflasterte Mermaid Street ist eine der drei Hauptstraßen in der Altstadt von Rye, in der noch 140 Gebäude aus der Zeit vor 1750 sehr gut erhalten sind.

Unten: Gemäldegalerie im Arundel Castle.

Links: Die zinnenbekrönte Burg von Arundel überragt die gleichnamige, in den Ausläufern der South Downs gelegene Stadt.

Oben: Zum Arundel Castle gehört auch eine schöne Parkanlage.

Kunst, Kult, Natur

DIE EWIGEN GÄRTNER

Die Briten sind leidenschaftliche Liebhaber. Ihrer Gärten jedenfalls. Das geheime Wissen darum, wie die Natur zu bezähmen und zu beflügeln ist, bewegt alle Schichten der Gesellschaft.

Gut gepflegt: das Blütenmeer im Garten von Hever Castle.

Wenn Sie die Gärten von Sissinghurst lieben, dann besuchen Sie sie nicht: Jede Gartensaison aufs Neue warnen die Feuilletons davor, dass Vita Sackville-Wests grünes Vermächtnis kurz davor stehe, von den Scharen seiner Bewunderer zu Tode geliebt zu werden. Fast 200 000 Besucher waren es in Vor-Corona-Zeiten, die sich in das wohlstrukturierte Meer aus Blüten und Blättern begaben, um den in den schönsten Gelb-, Orange- und Rottönen bepflanzten Garten des South Cottage zu bewundern.

Obwohl der generelle Entwurf der Gärten auf ihren Mann, Sir Harold Nicolson, zurückgeht, bleibt Englands meistbesuchtes Gartenreich mit der Person Vita Sackville-Wests verbunden, denn die erfolgreiche Romanautorin glänzte auch mit Artikeln zur Gartengestaltung. Die üppige, ungezügelte Blumenpracht, die sie darin propagierte, scheint bis heute in den Köpfen der Besucher Parallelen zu ihrem »skandalösen« Privatleben heraufzubeschwören, liebte sie doch Frauen wie Männer und war keineswegs gewillt, das zu verleugnen.

GARTENTRÄUME

Die Besichtigung der Parks und Gärten, die sich um Schlösser und Herrenhäuser ausbreiten, hat in England Kultstatus. Über einhundert Parks und Gärten sind allein im Süden des Landes der Öffentlichkeit zugänglich und mit gesalzenen Eintrittspreisen eine feste Umsatzgröße im Tourismus. Der typisch-englische Landschaftsgarten mit seinen weiten Rasenflächen, knorrigen Eichen, Wasserkanälen und griechisch anmutenden Tempeln löste zu Beginn des 18. Jahrhunderts den strengen symmetrischen Gartenstil Frankreichs ab. Ironischerweise ließen sich die Pioniere des englischen Landschaftdesigns maßgeblich von der französischen Landschaftsmalerei inspirieren. England setzte um, was Frankreich sich erträumt hatte, und der Englische Garten wurde zu einem weltweiten Exportschlager.

Gut geblüht: Sissinghurst Castle Gardens sind »der vielleicht schönste Garten Englands« (Baedeker).

Gut sortiert: die Pflanzenpracht von Arundel Castle (oben).
Unten: Darwins Gewächshaus in Down.

»WAS DEN ENGLISCHEN GARTENFREUND ERFREUT, STAMMT IN DER REGEL AUS DEN SONNENVERWÖHNTEN GEGENDEN DER WELT.«

Martin Duncan, Chefgärtner von Arundel Castle, mit einem Auszubildenden in seinem Gartenreich.

»TYPISCH ENGLISCH«

Die englischen Gärten gehören zu den artenreichsten der Welt: Seefahrer und Naturkundler brachten im Lauf der Jahrhunderte aus den entlegensten Gegenden der Welt Pflanzen mit auf die heimische Insel – auch jene, die heute als »typisch englisch« gelten: Lauch und Gurken stammen ursprünglich aus Zentralafrika, Stachelbeeren aus Spanien, Fuchsien aus Mexiko, und die Rhododendren, die England jedes Frühjahr in ein Blütenmeer verwandeln, sind in Burma beheimatet.

Was den englischen Gartenfreund an Blüten und Früchten erfreut, stammt in der Regel aus den sonnenverwöhnten Gegenden der Welt. Da drängt sich die Frage auf, wie sie dem englischen Wetter trotzen: »Mikroklima«, sagt Martin Duncan, der Chefgärtner von Arundel Castle. Generell ist Südengland mit reichlich Niederschlag und wenig Bodenfrost gesegnet. Trotzdem hat jeder Landstrich seine ganz typischen Wetterbedingungen, und in jedem Garten gibt es unterschiedliche Klimazonen: Sonnenexponierte Hänge oder feuchte Wiesengründe. Da Südengland sehr windig ist, schaffen erst Hecken und Mauern jenen Schutz, den tropische Pflanzen dringend benötigen. »Dass so ziemlich jeder Garten in England Eibenhecken hat, liegt nicht daran, dass alle Gärtner den gleichen Geschmack haben«, erklärt Martin Duncan mit einem Schmunzeln, »wir brauchen sie.«

FLUCH UND SEGEN

Damit sich sein Gartenreich von den anderen unterscheidet, hat er als erste Amtshandlung die Hecken in Form geschnitten. Manche haben jetzt gerundete Ecken, Fenster oder ahmen gotische Türmchen nach. An der falschen Stelle kann solch ein Windschutz aber auch mehr Fluch als Segen sein, wenn er etwa zuviel Schatten wirft oder im Winter die Kaltluft staut. Der Gärtner muss also seinen Garten sehr genau kennen. Ansonsten: »It's all about the soil«, sagt Martin Duncan – alles hängt von der Qualität des Bodens ab. Er hat den Park von Arundel Castle zu einem der meistbeachteten in England umgestaltet. 60 000 Tulpenzwiebeln stecken er und seine acht Mitarbeiter im Herbst in das 16 Hektar große Gelände, zum Labyrinth gepflanzt oder locker auf den Hängen verteilt. Beim Tulip Festival im Mai können die Besucher sich an über 120 Sorten erfreuen.

IM KOPF DES CHEFGÄRTNERS

Und Martin Duncan setzt auf Innovation: So hat er beispielsweise einen spektakulären Baumwurzelgarten geschaffen und plant ein reetgedecktes Bootshaus, in dem sich Schulklassen mit den ökologischen Aspekten des Gartenbaus beschäftigen können.

Von solchen Plänen erzählt er so anschaulich, dass man bereits alles vor sich sieht: Der Garten im Kopf des Chefgärtners ist noch viel aufregender als die Pracht, die uns bereits umgibt.

Wenn Martin Duncan an den Beeten vorbei geht, berührt er manche Blüten wie zufällig und murmelt dabei ihre lateinischen Namen.

Er kennt sie alle.

WEITERE INFORMATIONEN

Auf dem Youtube-Kanal von Arundel Castle sind mehrere Videos mit Martin Duncan anzusehen, u. a. »A Tour of the Gardens « (Part 1 und 2).

Es gibt auch eine Website, auf der alle Privatgärten Englands aufgelistet werden, in denen Besucher willkommen sind: www.ngs.org.uk

»DA SÜDENGLAND SEHR WINDIG IST, SCHAFFEN ERST HECKEN UND MAUERN JENEN SCHUTZ, DEN TROPISCHE PFLANZEN BENÖTIGEN.«

Auch hier verbrachte Charles Darwin einst viele Stunden: Die zu seinem Haus in Down gehörenden Gärten waren sein »Labor im Freien«.

Maßstab 1:650.000
0
10km
LONDON
Greater London
CHELMSFORD
BASILDON
SOUTHEND-ON-SEA
WATFORD
SLOUGH
WOKING
ASHFORD
BRIGHTON
Cheshunt
Potters Bar
Borehamwood
Loughton
Brentwood
Billericay
Wickford
Rochford
Rayleigh
Sth. Benfleet
Canvey Island
Maldon
South Woodham Ferrers
Burnham-on-Crouch
Foulness Point
Southminster
Great Wakering
Chesham
Amersham
Rickmansworth
Bushey
Beaconsfield
High Wycombe
Marlow
Maidenhead
Windsor
Staines
Wokingham
Bracknell
Walton
Chertsey
Esher
Epsom
Camberley
Farnborough
Fleet
Aldershot
Guildford
Leatherhead
Dorking
Reigate
Redhill
Caterham
Oxted
Sevenoaks
Tonbridge
Maidstone
Chatham
Gillingham
Rochester
Gravesend
Dartford
Swanley
Grays
Tilbury
Stanford-le-Hope-Corringham
Sheerness
Minster
Isle of Sheppey
Sittingbourne
Faversham
Whitstable
Herne Bay
Margate
Broadstairs
Ramsgate
Sandwich Bay
Canterbury
Deal
Dover
White Cliffs
Folkestone
Hythe
Royal Tunbridge Wells
Southborough
Crawley
East Grinstead
Horsham
Haywards Heath
Burgess Hill
Crowborough
Uckfield
Lewes
Hove
Worthing
Sompting-Lancing
Littlehampton
Bognor Regis
Chichester
Cathedral
Haslemere
Godalming
Farnham
Hailsham
Eastbourne
Bexhill
Hastings
Herstmonceux Castle
Rye
Winchelsea
Camber
Lydd
New Romney
Dymchurch
Dungeness
Newhaven
Seaford
Peacehaven
Rottingdean
Beachy Head
Selsey Bill
South Downs National Park
The Weald
Vale of Kent
North Downs
South Downs
Essex
Kent
Sussex
Thames
Medway
Strait of Dover
Pas de Calais
Channel Tunnel
Tunnel sous la Manche
English Channel
FRANCE
Cap Gris-Nez
Wissant
Ambleteuse
Wimereux
Boulogne-sur-Mer
le Portel
Equihen-Plage
Hardelot-Plage
Neufchâtel-Hardelot
1
2
3
4
5

BURGEN, GÄRTEN, KREIDEFELSEN

»Der Garten Englands« werden die Grafschaften Kent und Sussex genannt. Sie begeistern mit einer spektakulären Küstenlinie, bedeutenden Schlössern und opulenten Gärten. Tradition und Moderne vereinen sich auf ganz unterschiedliche Weise im ehrwürdigen Canterbury wie im angesagten Brighton.

DOVER

Die Stadt (33 000 Einw.) am Fuß der berühmten Kreidefelsen ist der wichtigste Fähr- und Kreuzfahrthafen Englands. Fast 12 Mio. Passagiere und 5 Mio. Fahrzeuge werden jährlich verschifft.

SEHENSWERT/MUSEEN

Dover Castle, eine der größten Burganlagen Großbritanniens, wacht seit rund 900 Jahren über die englische Küste. Neben den mittelalterlichen Wehranlagen interessieren sich die Besucher besonders für die unterirdischen Tunnelanlagen, die im Zweiten Weltkrieg die Kommandozentrale und das Lazarett beherbergten (Castle Hill Road, www.english-heritage.org.uk/dovercastle, tgl. 10.00–17.00 Uhr).

Das **Dover Museum** illustriert die Stadtgeschichte von den Römern bis ins Industriezeitalter (Market Square, www.dovermuseum.co.uk, Mo.–Sa. 9.30–17.00, So. 10.00–15.00 Uhr, Okt. bis März. So. geschl.). Für Technikinteressierte ideal ist das **Dover Transport Museum** (Willingdon Road, Whitfield, www.dovertransportmuseum.org.uk, Mi. und So. 10.00–15.00 Uhr). Was in den vergangenen 200 Jahren Räder hatte, kann hier ausgiebig besichtigt werden.

HOTELS UND RESTAURANTS

Auf halbem Weg zwischen Dover und Folkestone liegt **€€-€€€ The Marquis of Granby** mit Zimmern im modernen Country Style und einem weithin gerühmten **€€€/€€ Restaurant** (Alkham Valley Rd, Alkham, Dover CT15 7 DF, www.marquisofgranby.co.uk).

Zum Lunch empfiehlt sich das **€€ Rocksalt** (4–5 Fish Market, Folkestone CT19 6AA, www.rocksaltfolkestone.co.uk), Spezialität Meeresfrüchte, Glasfront zum Strand.

UMGEBUNG

6 km nordwestl. von Dover liegt **St Margaret's at Cliffe**. Sehenswert sind der Blick von den Klippen auf die kleine Bucht mit Pub und Restaurant und der mediterrane Pines Garden.

Folkestone (13 km südwestl.) begeistert mit Sandstrand, Künstlerviertel und den Folkestone Artworks, der über die ganze Stadt verteilten »größten Freilichtausstellung für zeitgenössische Kunst« (www.creativefolkestone.org.uk).

INFORMATION

Dover Visitor Information, Dover Museum, Market Square, Dover CT16 1PH, www.whitecliffscountry.org.uk).

Als hätte ein Riese das Land mit einem mächtigen Spaten abgestochen, leuchten die Kreidefelsen von Dover wie ein weißes Band über dem dunklen Wasser des Ärmelkanals.

CANTERBURY

Canterbury (63 000 Einw.) ist eine attraktive Mischung aus Mittelalter und Moderne. Das urbane Herzstück ist die Kathedrale, in der traditionell die englischen Könige gekrönt werden. Bereits zu Römerzeiten ein wichtiger Warenumschlagplatz, ist Canterbury heute noch die bevorzugte Einkaufsstadt der Gegend. Zudem gilt Canterbury als die Wiege des englischen Christentums: Vom Papst zum Erzbischof erhoben, nahm der hl. Augustinus hier seinen Sitz (»cathedra«) und organisierte die Missionierung der Insel.

SEHENSWERT/MUSEEN

Englands älteste Kirche, **St Martin's Church** (6. Jh., www.martinpaul.org), die Benediktinerabtei **St Augustine's Abbey** und die **Kathedrale** wurden gemeinsam als UNESCO-Weltkulturerbe ausgewiesen. Mit dem Bau der Kathedrale (www.canterbury-cathedral.org) in ihrer heutigen Gestalt begann man 1175.

Über den Ruinen einer römischen Villa mit Mosaikfußboden wurde das **Canterbury Roman Museum** errichtet. Besonders interessant ist das Mysterium um das Doppel-Schwert-Grab (11A Longmarket, Butchery Ln, tgl. 10.00–17.00 Uhr, www.canterburymuseums.co.uk/romanmuseum).

Das **Beany House of Art and Knowledge** mit seiner Zuckerbäcker-Tudor-Fassade vereint eine schöne Kunstgalerie, Bibliothek und Stadtinformation unter einem Dach (18 High St, Di.–Sa. 10.00–17.00, So. 11.00–16.00 Uhr, https://canterburymuseums.co.uk/the-beaney).

HOTEL UND RESTAURANT

Im **€€€-€€€€ Corner House** (1 Dover Street) nächtigt man in farbenfrohen Zimmern, die nach Dichtern benannt sind. Das **€€-€€€** Restaurant im Haus: englisch-raffiniert.

AKTIVITÄTEN

Canterbury im Boot von seinen Kanälen aus zu bestaunen, eröffnet ganz neue Perspektiven auf die Kathedrale, die Weberhäuser und die belebten Straßen in der Altstadt (Canterbury Historic Rivertours, The King's Bridge, März–Okt. 10.00 bis 17.00 Uhr alle 20 Min., online buchen unter www.canterburyriver tours.co.uk).

EINKAUFEN

Souvenirs in allen Preislagen bietet der riesige **Cathedral Shop** (25 Burgate, www.canterbury-cathedral.org). Zum Musik und Bücher kaufen, Kaffee trinken und Kunst gucken geht man am besten auf die **King's Mile** unweit der Kathedrale (www.thekingsmile.org.uk). Frische, regionale Produkte, Pickles und Chutneys kauft man in **The Goods Shed** (Station Road West, www.thegoodsshed.co.uk, Di.–Sa. 9.00–18.00, So. 10.00 bis 16.00 Uhr).

UMGEBUNG

In **Broadstairs** auf der **Isle of Thanet** schrieb Charles Dickens »David Copperfield«. Das **Charles Dickens Festival Broadstairs** feiert jedes Jahr im Juni den Autor mit Theateraufführungen, aber die größte Schau ist es immer, wenn Horden von Menschen in viktorianischer Badekleidung zusammen schwimmen gehen (www.broadstairsdickensfestival.co.uk).

INFORMATION

Canterbury Visitor Centre
18 High Street, Canterbury CT1 2RA,
www.canterbury.co.uk

3 RYE

Die Kleinstadt Rye (4600 Einw.) mit ihrer Hügellage und den roten Dächern macht schon aus der Ferne einen wehrhaften Eindruck. Ihre bedeutendste Zeit hatte sie im 14. Jh., als der Hafen noch nicht verlandet war. Viele der windschiefen Fachwerkhäuser stammen noch aus dieser Zeit.

SEHENSWERT/MUSEEN

Vom **Ypres Tower** genießt man einen fantastischen Blick über die Stadt und das verlandete Hafenbecken. Der Turm aus dem 13. Jh. war einst ein Bollwerk gegen die räuberischen Franzosen und ist heute Teil des **Rye Museum**, in dem Rye als wichtiger Partner der Cinque Ports erlebbar wird, eines Konkurrenzbundes zur Hanse (Gungarden, April–Okt. tgl. 10.30–17.00, Nov.–März 10.30–15.30 Uhr, www.ryemuseum.co.uk). Die **Mermaid Street** mit Kopfsteinpflaster und sich gefährlich neigenden Fassaden gilt als eine der hübschesten, wenn auch am meisten »bespukten« Gassen Englands.

HOTELS UND RESTAURANTS

Das einzig Wahre für das ganz spezielle Rye-Feeling ist das **€€ Mermaid Inn Hotel**. Offene Kamine, Holzvertäfelungen, Butzenscheiben – stolze fünf Hausgespenster hat das Haus in Ryes ältester Straße ebenfalls zu bieten sowie ein feines **€€ Restaurant** unter schwarzen Deckenbalken und eine erlesene Bar.

Idyllisch in der Biegung des Flusses liegt das **€€€ Rye Windmill B&B**, eine 300 Jahre alte Mühle (Ferry Road, www.ryewindmill.co.uk).

UMGEBUNG

Die Schlacht bei **Hastings** 1066, in der Herzog Wilhelm von der Normandie den englischen Thron errang, fand eigentlich etwas nördlich der 20 km südwestl. von Rye gelegenen Hafenstadt statt. Wilhelm gründete dort ein Kloster mit dem sprechenden Namen Battle (Buttercross, High Street, www.english-heritage.org.uk/visit/places/1066-battle-of-hastings-abbey-and-battlefield), um das eine hübsche Kleinstadt entstand. Jedes Jahr im Oktober wird dort die Schlacht nachgestellt (www.visit1066country.com).

Eine der schönsten Burgruinen Englands ist **Bodiam Castle** (ca. 21 km nordwestl.). Mit vier Türmen und von einem Wassergraben umgeben sieht es wehrhafter aus, als es tatsächlich war (Bodiam, Robertsbridge, www.nationaltrust.org.uk/bodiam-castle).

Coole Drinks, cool angerichtet: in Brighton.

Etwa 30 km nördlich liegt **Down House**, wo Charles Darwin »Der Ursprung der Arten« schrieb und seinen Garten wie ein Outdoor-Laboratorium betrieb (Luxted Rd, Downe, Orpington, www.english-heritage.org.uk).

INFORMATION

Visitor Centre in der Townhall, Market St Rye TN31 7LA, www.town.rye.nh.us

4 BRIGHTON

Das berühmteste Seebad Englands liegt wie das benachbarte Eastbourne in der sonnenreichsten Region des Landes. Vor allem aber ist Brighton (230 000 Einw.) jung und kreativ. Modemacher, Musiker und (Computer-)Künstler tummeln sich in der Meer-Metropole.

SEHENSWERT/MUSEEN

Der exzentrisch-überladene **Royal Pavilion** mit seinen Taj-Mahal-Kuppeln und der orientalischen Innenausstattung verschlägt auch viel gereisten Luxus-Begeisterten den Atem (4/5 Pavilion Buildings, April–Sept. tgl. 9.30–17.45, sonst tgl. 10.00 bis 17.15 Uhr, https://brightonmuseums.org.uk/visit/royal-pavilion-garden). Das Gleiche gilt für den **i360-Aussichtsturm**, von dem aus man über die Promenade blickt (Lower Kings Road, www.brightoni360.co.uk). Ein Labyrinth aus kleinen Gassen sind **The Lanes**: Cafés, Restaurants und eine Vielzahl interessanter Lädchen laden zum Bummeln und Stöbern ein. Ob hauseigenes Parfum von Pecksniff's (45–46 Meeting House Ln, www.pecksniffs.com) oder Stoffe aus aller Welt von New Fabric Fair (51 Gardner St) – »das gibt's nicht« gibt's nicht in den Lanes.

HOTELS UND RESTAURANTS

Der Name ist hier Programm: Die Zimmer im **€€€ A Room With A View** sind hell, elegant und haben Blick auf den Pier (41 Marine Parade, www.aroomwithaviewbrighton.com).

Das **€€ YHA Brighton Hostel** ähnelt von außen eher einem Luxushotel als einer Jugendherberge (Old Steine, www.yha.org.uk/brighton).

Hip und gesund ist das **€€ Café Marmalade**, ideal zum Frühstücken (237 Eastern Road, Kamptown, www.cafemarmalade.co.uk). Wer es mittags verrückt und lecker mag, geht zum (Augen-)Schmaus in die **€€ Witchez Photo Design Café Bar** (16 Marine Parade, www.thewitchez.co.uk). Urban und kunstvoll speist man abends im **€€€–€€€€ Gingerman** (21A Norfolk Square, www.gingermanrestaurant.com).

FESTIVALS

Jedes Jahr im Mai findet mit dem **Brighton Festival** das größte Kunstfestival Großbritanniens statt: drei Wochen lang Tanz, Oper, Kunst, Zirkus und Straßentheater satt (www.brightonfestival.org).

UMGEBUNG

Zwei ikonische Küstenaussichtspunkte sollte man sich nicht entgehen lassen: **Seven Sisters** und **Beachy Head** (ca. 30 km östl.). Ihre Besucherzentren bieten Infos, Parkplätze, Souvenirs und geführte Touren (Seven Sisters Country Park, Exceat nahe Seaford, www.sevensisters.org.uk & Beachy Head Story, Beach Head Rd, Eastbourne, www.visiteastbourne.com/heritage/visit/beachy-head-story). Man kann die geschwungene Küste auf dem **Coast Path** erwandern.

Etwas stiller als Brighton ist **Eastbourne** (ca. 35 km östl.), die Grand Old Lady der englischen Seebäder mit Kiesstrand, Promenade, 1870 eröffnetem Pier und Hotels im viktorianischen Stil.

INFORMATION

Brighton Visitor Information, Kings Rd
Brighton BN1 2GR, www.visitbrighton.com

5 CHICHESTER

Das Verwaltungszentrum von West-Sussex hat eine 1800-jährige Geschichte. Heute ist Chichester (26 500 Einw.) lokaler Mittelpunkt zum Einkaufen und Relaxen am Hafen und Heimat eines international renommierten Theaterfestivals.

GLYNDEBOURNE

Wenn Damen in Abendroben auf englischem Rasen picknicken und dabei versonnen »Là ci darem la mano« vor sich hinsummen, dann ist wieder Opernfestival in Glyndebourne. Auf seinem ca. 20 km nordwestl. von Brighton gelegenen Landsitz ließ der wohlhabende Musikfreund John Christie ein Theater für seine Frau, eine Sopranistin, errichten und gründete 1934 das Glyndebourne Opera Festival. In den 1990er-Jahren wurde ein moderneres Haus mit 1200 Plätzen gebaut, das jede Saison drei Opern auf die Bühne bringt, bevorzugt Mozart.

www.glyndebourne.com/festival

Blick auf die Kathedrale in Chichester.

SEHENSWERT/MUSEEN
Die beeindruckend wuchtige **Kathedrale** wurde im 11. Jh. auf den Fundamenten einer römischen Basilika erbaut. Der Wandaufriss im Chorbereich zeigt eindrücklich den Wandel von der romanischen zur gotischen Bauweise (Öffnungszeiten unter www.chichestercathedral.org.uk). Deutlich älter ist die fast komplett erhaltene **römische Stadtmauer**. Auf einem rund 3 km langen Spazierweg entlang des alten Steinwalls kann man die Stadt erkunden (www.thegreatsussexway.org/listing/chichester-city-walls-walk).

Interessant: das **Chichester Cross**, ein reich verziertes Marktkreuz aus dem späten 15. Jh.

Wer sich dafür interessiert, wie »die einfachen Leute« in England lebten, während die Adligen in ihren prächtigen Herrenhäusern residierten, findet Antworten im Freilichtmuseum **Weald & Downland Living Museum** (Singleton, Chichester, März–Okt. 10.00–17.00, sonst 10.00–16.00 Uhr, www.wealddown.co.uk).

FESTIVAL
Von April bis September strömen Theaterliebhaber aus dem ganzen Land zum **Chichester Festival Theatre** (Oaklands Way, www.cft.org.uk). Klassische und moderne Stücke, aber auch Musicals werden gezeigt. Der dreifache Oscar-Gewinner Sir Laurence Olivier war im Jahr 1962 der erste Intendant dieses Festivals.

HOTELS UND RESTAURANTS
Doch, es gibt sie noch, die gemütlichen B&Bs mit Blümchentapete und Laura-Ashley-Decke wie das **€€ Plovers Cottage** (Batchmere Rd, Batchmere, Buchung über die einschlägigen Online-Plattformen). Auf den Goodwood-Ländereien werden Flugshows, Autorennen, Pferderennen geboten sowie ein Golfplatz und mittendrin das luxuriöse **€€€€ Goodwood Hotel** mit Spa-Landschaft und einem hervorragenden Restaurant (New Barn Hill, www.goodwood.com).

UMGEBUNG
Von Chichester ist man schnell im 1627 km² großen **South Downes National Park**, der durch den von Winchester bis Eastbourne führenden South Downs Way erschlossen wird (www.southdowns.gov.uk).

Antiquariate und Läden mit Kunsthandwerk säumen die Straßen von **Arundel** (20 km östl.) mit seiner mächtigen Burg und der Kathedrale. Das Innere der Burg ist dunkel und verbaut, aber die sorgfältig gepflegten Gärten sind fantastisch. Keinesfalls verpassen darf man die Alabaster-Grabmäler in der Fitzalan-Kapelle (Di.–So. 10.00–17.00 Uhr, www.arundelcastle.org).

INFORMATION
Chichester Tourist Information Centre, The Novium, Tower Street, Chichester PO19 1QH, www.chichesterweb.co.uk

IM RICHTIGEN MIKROKLIMA: SEHEN UND ERLEBEN

Südlich von Chichester liegt die Bucht von Bracklesham: zehn Kilometer Kies- und Sandstrand mit Blick auf die Isle of Wight und den Spinnaker Tower in Portsmouth. Die Weite der Strände zahlt sich aus, denn auch bei bestem Wetter ist es hier nie überlaufen.

Viele Besucher kommen einfach zum Spazieren, Baden und Gucken in die Bucht von Bracklesham. Bei gutem Wind kann man akrobatische Kiter über die Wellen springen sehen, während ein paar Meter weiter Pferd und Reiter durch die Brandung galoppieren – ein malerisches Bild. Jedes Mal, wenn sich die Flut zurückzieht, hinterlässt diese kleine, 46 Millionen Jahre alte Fossilien – Erdgeschichte zum Aufheben.

Das besondere Mikroklima der Bracklesham Bay eignet sich für viele Sportarten – Wellenreiten, Windsurfing und Kiten zum Beispiel. Aber auch Stand-up-Paddlers und Kanuten treibt es hier hinaus aufs Wasser. Bracklesham Beach (Abb. unten) und West Wittering Beach sind vor allem denjenigen zu empfehlen, die noch kein Profi-Niveau erreicht haben, denn der Strand fällt sanft zum Meer hin ab. Da schaffen es auch Anfänger problemlos aufs Board und auf die Welle.

Passendes Equipment und Kurse findet man direkt am Strand, z.B. (Wind-)Surfen, SUP, und Kiten bei 2XS (West Wittering Beach, www.2xs.co.uk) oder Windsurfing bei Surfs-Sup (9 Manhood Cottages, Almondington Ln, Chichester, www.surfs-sup.co.uk).

Günstige Fossilien-Spaziergänge: www.discoveringfossils.co.uk

Strandritte für geübte Reiter: www.greathamequestriancentre.co.uk

HILFREICH & NÜTZLICH

Praktische Informationen für die Reise und einiges Wissenswerte über Südengland haben wir hier für Sie zusammengestellt.

AUSKUNFT

Britisches Fremdenverkehrsamt VisitBritain: Alexanderplatz 1, 10178 Berlin, Tel. 030 3157190, www. visitbritain.com

AUTOFAHREN

In England herrscht **Linksverkehr**. Bitte beachten: Die **Geschwindigkeitsbegrenzungen** auf den Verkehrsschildern sind in Meilen angegeben, also immer x 1,6 rechnen. Innerorts darf man 30 mph (48 km/h) fahren, auf Landstraßen 60 mph (97 km/h) und auf Schnellstraßen und Autobahnen 70 mph (113 km/h). Das **Verkehrsüberwachungssystem** ist eines der effektivsten in Europa. Gewöhnungsbedürftig sind die vielen **Kreisverkehre** (Roundabouts), die es auch auf Schnellstraßen gibt. Da viele von ihnen mehrspurig sind, ist es wichtig, sich bereits bei der Anfahrt in die jeweilige Spur einzuordnen. **Parken** ist auch gegen die Fahrtrichtung erlaubt. Park- und Halteverbote werden innerstädtisch durch gelbe Linien (eine bedeutet Park-, zwei bedeuten Halteverbot) entlang des Straßenrandes angezeigt. Vorsicht: Die **Strafen** für Parksünder sind empfindlich, und je später man bezahlt, desto teurer wird es!

Beim Afternoon Tea in Kimmeridge.

EINREISE

Auch nach dem Brexit können Touristen aus der EU ohne Visum einreisen, allerdings nur noch mit dem Reisepass. Dieser darf nicht älter als zehn Jahre sein und muss mindestens sechs Monate Gültigkeit haben. Achtung: Die Anforderungen mancher Fluglinien können differieren. Aktualisierte Bestimmungen unter www.auswaertiges-amt.de. Als Folge des Brexit gelten auch für Touristen veränderte Zollbedingungen. Reisefreimengen erfährt man unter www.zoll.de.

ESSEN UND TRINKEN

Traditionell essen die Engländer viermal am Tag: Ein reichhaltiges **Frühstück**, einen leichten **Lunch**, Gebäck oder Sandwiches zur **Teatime** und etwas Herzhaftes zum **Dinner**. Wer über Land unterwegs ist, sollte sich das typisch englische **Pub Food** nicht entgehen lassen, gern auch mal einen Burger: Biofleisch und regionales Gemüse sind häufig Standard und lassen die Produkte amerikanischer Fast-Food-Ketten schnell vergessen sein. Auch sehr lecker ist **Steak and Kidney Pie**, eine Pastete mit Rindfleisch und Bohnen gefüllt.

Pommes heißen in England **Chips** und Chips heißen **Crisps**. Allgemein üblich ist es, sich Essig auf die Pommes träufeln zu lassen.

Das **Full English Breakfast** besteht aus Spiegeleiern, Räucherspeck, kleinen Bratwürstchen, gebratenen ganzen Champignons und einer Grilltomate, dazu Toast mit gesalzener Butter. Vorher isst man Cereals (Corn Flakes etc.).

Cornwall und Devon sind die Hochburgen des **Cream Tea**, der mittlerweile aber auch überall angeboten wird. Er besteht aus einer Kanne Tee plus Scones (handwarme Rosinen-Mürbeteig-Brötchen), Clotted Cream (Buttersahne mit 55% Fett) und Erdbeermarmelade. Danach fällt das Dinner mit großer Wahrscheinlichkeit aus.

GESCHICHTE

6500 v. Chr.: Steigender Meeresspiegel trennt die britischen Inseln vom Festland.
3000–2500 v. Chr.: Stonehenge entsteht.
1000–600 v. Chr.: Kelten besiedeln England.
55 v. Chr.: 1. Römische Invasion unter Cäsar.
410: Das Römische Imperium zieht Truppen aus England ab.
5./6. Jh.: Germanische Stämme (Jüten, Friesen, Angeln und Sachsen) breiten sich von Osten aus. Sie verdrängen die keltische Bevölkerung und das römische Christentum nach Westen.
597: Augustinus erreicht mit seinen Missionaren die sächsischen Gebiete.
603: Canterbury Cathedral gegründet.
865: Dänische Wikinger erobern weite Teile Englands.
878: König Alfred von Wessex stoppt die Ausbreitung des dänischen Herrschaftsgebietes.
1016: Knut der Däne wird zum König von England gekrönt.
1066: Wilhelm von der Normandie, »der Eroberer« genannt, schlägt König Harold in der Schlacht von Hastings.
1170: Thomas Becket, Erzbischof von Canterbury, wird ermordet.
1199: Tod von König Richard Löwenherz.
1215: Mit der Magna Charta werden die Rechte von Adel und Kirche gegenüber dem König festgeschrieben.
1337–1453: Hundertjähriger Krieg gegen Frankreich wegen Thronstreitigkeiten.
1415: König Heinrich V. siegt bei Agincourt.
1455–1485: Rosenkriege (die Häuser Lancaster und York ringen um den Thron).
1509: Heinrich VIII. besteigt den Thron.
1534: Heinrich VIII. erklärt sich zum Oberhaupt der Anglikanischen Kirche.
1536: Auflösung der Klöster.
1553: Die katholische Maria Tudor besteigt den Thron (Gegenreformation).
1558: Elisabeth I. stellt die Reformation wieder her (elisabethanisches Zeitalter).
1603: Maria Stuarts Sohn Jakob I. wird König von England.
1642–1649: Englischer Bürgerkrieg (1649 Hinrichtung von König Karl I.).
1653: Oliver Cromwell wird Lord Protector von England, Schottland und Irland.
1714: Kurfürst Georg von Hannover wird englischer König (georgianisches Zeitalter bis 1837).
1803–1815: Napoleonische Kriege (1805 gewinnt Admiral Nelson die Schlacht bei Trafalgar, 1815 Schlacht bei Waterloo).
1901: Tod von Königin Victoria.
1914–1918: Erster Weltkrieg.
1936: Edward VIII. dankt ab, um die geschiedene US-Amerikanerin Wallis Simpson zu heiraten.
1939–1945: Zweiter Weltkrieg.
1952: Krönung von Elisabeth II.
1973: Großbritannien wird Mitglied der Europäischen Wirtschaftsgemeinschaft.
2012: Olympische Sommerspiele in London, Segelwettbewerb u.a. in Weymouth.
2020/2021: Einschränkungen für Reisende durch Brexit und COVID 19.
2022: Nach siebzig Jahren auf dem Thron stirbt Königin Elisabeth II. Ihr ältester Sohn wird mit 73 Jahren König Charles III.

In Cornwall und Devon sollte man **Cornish Pasties** probieren – diese gefüllten Teigwaren sind hier ein Kulturgut, das Fischer und Minenarbeiter als Verpflegung mitnahmen. Traditionell wurden sie mit Kartoffeln und Fleisch oder Apfelmus gefüllt. Heute gibt es sie in allen Geschmacksrichtungen, von Schinken-Ananas bis Chicken Tikka.
Getränke: Zur hiesigen Bierkultur gehören Lager (hell), Porter (schwarz, malzig) und Stout (stark!); das fruchtige Ale, ohne Hopfen gebraut, gibt es dunkel und hell (Pale Ale). Bei den »harten Sachen«, Spirituosen, läuft der Gin dem Whisky langsam den Rang ab.
Empfohlene Restaurantadressen: Siehe Infoseiten der vorangegangenen Kapitel.

PREISKATEGORIEN

€€€€	Hauptspeisen	über 35 £
€€€	Hauptspeisen	20–35 £
€€	Hauptspeisen	10–20 £
€	Hauptspeisen	bis 10 £

FEIERTAGE

Neujahrstag (1. Jan., New Year's Day), Karfreitag (Good Friday), Ostermontag (Easter Monday), Maifeiertag (1. Mai-Mo., May Day Holiday), Frühlingsfeiertag (letzter Mai-Mo., Spring Bank Holiday), Sommerfeiertag (letzter Aug.-Mo., Summer Bank Holiday), 1. und 2. Weihnachtsfeiertag (Christmas Day, Boxing Day).

The Old Buttermarket: Pub in Canterbury mit einer rund 500 Jahre alten Tradition.

GELD

In England wird mit dem Pfund Sterling bezahlt. (1 £ = 1,17 €). Bankautomaten für Kredit- und EC-Karten gibt es in Bankfilialen, Einkaufsstraßen und Einkaufszentren. Die meisten stellen auch eine deutsche Sprachauswahl zur Verfügung.

GESUNDHEIT

Die Nummer für **Notfälle** ist **999** oder **112**. Unbedingt empfehlensert ist der Abschluss einer Auslandskrankenversicherung.

DATEN & FAKTEN

Geografische Lage: Der Süden Englands liegt zwischen dem 50. und dem 51. Breitengrad, ungefähr auf einer Höhe mit Brüssel, Köln und Kiew. In der Regel meint man damit die Gegend südlich von Wales, südlich von Oxford und südlich von London. Weil zwei große Flussmündungen wie Scharten ins Land ragen, ist der Süden Englands mit über tausend Kilometern Küste gesegnet. Abgesehen von wenigen Großstädten (Bristol, Poole/Bournemouth, Southampton, Portsmouth, Brighton) ist der Süden ländlich geprägt.
Politische Gliederung: Großbritannien ist eine parlamentarische Demokratie. König Charles III. ist das Staatsoberhaupt. Er ernennt den Premierminister und eröffnet das parlamentarische Jahr mit einem Staatsakt im königlichen Ornat mit Krone. Regierungsgewalt hat der Monarch aber keine, die königliche Familie ist auf Neutralität in der Öffentlichkeit bedacht. Der Premierminister wohnt und arbeitet an der Londoner Adresse 10 Downing Street. Seit dem 1. Februar 2020 ist Großbritannien kein Mitglied der Europäischen Union mehr. Verwaltungseinheiten sind die Shires (dt. Grafschaften), deren Grenzen teilweise seit dem Mittelalter unverändert blieben.
Bevölkerung: Knapp 14 Millionen Menschen leben in Südengland. Am dichtesten besiedelt ist der Raum Bristol mit fast 600 000 Einwohnern. Die Region Poole/Bournemouth/Christchurch zählt knapp 400 000 Einwohner. Fast 60 % der Bevölkerung sind Christen. Amtskirche ist die Anglikanische Kirche (Church of England), deren Oberhaupt der Monarch ist. Aber auch Katholiken, Methodisten und Reformierte sind einflussreich vertreten. Die Zuwanderung aus den Commonwealth-Staaten hat zu einer wachsenden Bedeutung von Islam, Buddhismus und Hinduismus geführt, aber nur im niedrigen einstelligen Prozentbereich.
Wirtschaft: Wirtschaftlich differieren die Grafschaften sehr: Während sich im Südosten, in Londons Dunstkreis, Tech-Konzerne und Computerfirmen angesiedelt haben, leben die Menschen im Südwesten hauptsächlich von Tourismus und Viehwirtschaft und waren bisher in hohem Maße auf Wirtschaftsförderung durch die EU angewiesen. Entsprechend sieht das Einkommensgefälle aus: Cornwall gilt als die ärmste Grafschaft Englands; in Kent und Sussex dagegen ist das Pro-Kopf-Einkommen das zweithöchste nach London.
Sprache: Amtssprache ist Englisch. Nur noch ungefähr 3500 Menschen sprechen Kornisch, das mit dem Walisischen und dem Bretonischen verwandt ist.

HOTELS/UNTERKUNFT

Traditionell unterscheiden die Briten zwischen **Hotels** und **Bed and Breakfasts (B&B)**, allerdings sind die Übergänge fließend: In Hotels gehört das Frühstück längst zum Standard, manche B&Bs gleichen Luxusherbergen – auch preislich. Nur die Lage des Bads kann in B&Bs immer noch variieren. »En suite« bedeutet, dass das Bad vom Zimmer aus zu betreten ist, »private bathroom« dagegen meint, dass der Gast über den Flur muss, um zu seinem Bad zu kommen. Gemeinschaftsbäder (»shared«) sind die Ausnahme. Einen guten Überblick verschafft das Online-Buchungsportal (www.visitbritain.com).
Für Familienurlauber oder Menschen, die gerne länger an einem Ort verweilen möchten, bietet sich ein **Ferienhaus** an (ab ca. € 60,- pro Nacht). In ländlichen Gegenden gibt es romantische Cottages mit Reetdach und offenem Kamin (z.B. über www.mycottageholiday.co.uk).
Hostels und Jugendherbergen sind besonders bei Solo-Reisenden beliebt. Ein Bett gibt es bereits ab ca. € 10,- pro Nacht. Mitglieder sparen 10 % auf Übernachtung und Essen (www.yha.org.uk).
Südengland ist ein **Camping**-Mekka. Die Plätze sind durch die Bank ruhig und gepflegt. Wildcampen ist verboten, aber Farmcamping meist sehr günstig (ab € 8,- im Zelt). Für Wohnwagen und Wohnmobile empfiehlt sich eine Vorausbuchung, für kleine Zelte findet sich meist auch spontan ein Plätzchen (www.campsites.co.uk, www.camping.info).
Hausboote erfreuen sich wachsender Beliebtheit. Die Themse kann man mit dem Hausboot von Londons Stadtrand bis Oxford befahren (www.leboat.de). Die besonders schmalen Narrowboats verkehren auf dem Kennet und Avon-Kanal zwischen Bristol und Reading.
Empfohlene Adressen: Siehe Infoseiten der vorangegangenen Kapitel.

PREISKATEGORIEN

€€€€	Doppelzimmer	über 200 £
€€€	Doppelzimmer	150–200 £
€€	Doppelzimmer	100–150 £
€	Doppelzimmer	50–100 £

Tate St Ives: Moderne Kunst an Cornwalls Küste.

NOTRUF

Allgemeiner Notruf Tel. 112 (Polizei, Feuerwehr, Krankenwagen), Touristenpolizei Tel. 213 42 16 23.

ÖFFNUNGSZEITEN

Die üblichen Geschäftszeiten sind Mo.–Sa. 9.00 bis 18.00, Do. bis 19.00, So. 11.00–16.30 Uhr.

REISEZEIT

Der Golfstrom sorgt in Südengland für mildes Klima. Die meisten Sonnenstunden gibt es von Mai bis Oktober. Zum Wandern lohnen sich Cornwall und die Isles of Scilly bereits im **Vorfrühling**, der hier relativ mild und trocken ist im Vergleich zu den östlicheren Gebieten.
Im **Hochsommer** sind Küstenorte und Kathedralstädte meist von Touristen überlaufen. Wer die Möglichkeit hat, meidet besser die Zeit der englischen Schulferien (https://publicholidays.co.uk/school-holidays/england), da englische Familien ihre Ferien bevorzugt im Inland verbringen. Wer mit der Fähre kommt, bucht besser nicht an den Wochenenden, an denen in England oder Frankreich die Ferien beginnen bzw. enden, denn die Nachbarn »ärgern« sich gerne gegenseitig mit verschärften Grenzkontrollen, was zu kilometerlangen Staus vor den Häfen führen kann.

SIGHTSEEING

Zwei große Organisationen kümmern sich um das britische Kulturerbe, der **English Heritage** und der **National Trust**. English Heritage verwaltet alle in Staatsbesitz befindlichen Kulturgüter und archäologischen Stätten. Der National Trust ist quasi das private Pendant dazu. Neben historisch relevanten Stätten kümmert er sich auch um den Landschaftsschutz. Viele Adelsfamilien, die ihre gewaltigen Güter nicht mehr unterhalten können, übergeben sie dem National Trust.
Die Eintrittspreise beider Organisationen sind hoch – Kulturreisende tun gut daran, sich vorab eine begrenzte Mitgliedschaft zu besorgen (www.nationaltrust.org.uk/features/touring-pass, www.english-heritage.org.uk/visit/overseas-visitors).

WETTERDATEN

Plymouth	TAGES-TEMP. MAX.	TAGES-TEMP. MIN.	TAGE MIT NIEDER-SCHLAG	SONNEN-STUNDEN PRO TAG
Januar	9°	4°	18	2
Februar	9°	4°	14	3
März	10°	5°	14	4
April	12°	6°	10	6
Mai	15°	8°	9	7
Juni	18°	11°	7	7
Juli	19°	13°	8	7
August	20°	13°	8	7
September	18°	11°	10	6
Oktober	15°	10°	12	4
November	12°	7°	15	3
Dezember	10°	5°	17	2

STROM

Die Netzspannung beträgt **240 Volt** Wechselstrom bei 50 Hertz. Stecker »vom Kontinent« benötigen einen dreipoligen Adapter.

TELEFON

Die Landesvorwahl für England ist die **0044**. Polizei, Feuerwehr und Ambulanz erreicht man zentral über die **999** oder die **112**. In Zeiten gut ausgebauter Mobilfunknetze werden die öffentlichen Telefonzellen seltener, vor allem die roten Ikonen. Aber es gibt sie noch. Sie funktionieren mit Münzen oder Telefonkarten, die man in Postämtern und in Läden mit dem grünen Telefonkarten-Zeichen kaufen kann. In den **Telefonzellen** kann man sich auch anrufen lassen – manchmal ist das eine günstige Alternative für ein längeres Schwätzchen mit den Zuhausegebliebenen.

TRINKGELD

In den meisten Restaurants ist das Trinkgeld (service charge) bereits im Preis enthalten. Falls dies explizit nicht der Fall ist, sollten **10 %** auf den Rechnungsbetrag aufgeschlagen werden. In kleinen Etablissements wie Tea Rooms oder Fish and Chips-Bars lässt man vor dem Gehen eine Münze auf dem Tisch liegen.

ZUM WEITERLESEN

Wer noch nicht überzeugt ist, dass England immer eine Reise wert ist, lese **Reif für die Insel** von Bill Bryson. Alle anderen auch! Der Autor wandert auf dem Coast Path von Dover bis in den Norden Schottlands und erklärt uns die britischen Eigenheiten durch seine amerikanische Brille. Ob vor Rührung oder vor Vergnügen – es bleibt kein Auge trocken (Goldmann).
Die Engländer sind die Könige des historischen Romans. Wer es deftig mag, wird sich für Ken Follets **Die Säulen der Erde** begeistern, die Geschichte einer Baumeisterfamilie im Mittelalter (Lübbe Verlag).
Das Schicksal der Frauen im 19. Jahrhundert schildert niemand eleganter und psychologisch genauer als Jane Austen. **Stolz und Vorurteil**, in dem der reiche Mr. Darcy die eigensinnige Miss Bennet zu erobern versucht, spielt in Hampshire (Penguin Verlag).
Devon und Cornwall nehmen in der Literatur einen besonderen Platz ein: Daphne du Maurier ließ hier ihren berühmten Roman **Rebecca** spielen (Insel Taschenbuch).
In Dartmoor ist die Bettlektüre gesetzt: Sherlock Holmes' Abenteuer **Der Hund der Baskervilles** von Arthur Conan Doyle (Fischer Taschenbuch).
Ein in Devon spielender Agatha-Christie-Klassiker ist Die **Morde des Herrn ABC** (Atlantik).
Als König Charles III. noch Herzog von Cornwall war, hat er ein Buch über die Verantwortung jedes Einzelnen für die Welt geschrieben: **The Prince of Wales: Harmonie. Eine neue Sicht unserer Welt** (Riemann Verlag).
Empfehlenswert ist auch die **Kleine Geschichte Englands** von Michael Maurer (Reclam-Verlag).

Cornwall, Halbinsel Lizard: ein Schauplatz, wie für eine Rosamunde-Pilcher-Romanze gemacht.

REGISTER

Fette Ziffern verweisen auf Abbildungen

IMPRESSUM

2. Auflage 2024

Verlag: DuMont Reiseverlag, Postfach 3151, 73751 Ostfildern, Tel. 0711/4502-0, Fax 0711/4502-135, www.dumontreise.de
Geschäftsführer(in): Dr. Stephanie Mair-Huydts, Markus Schneider
Programmleitung: Andrea Wurth
Redaktion: Achim Bourmer
Text: Dr. Tanja Müller-Jonak
Exklusiv-Fotografie: Gerald Hänel
Titelbild: mauritius images/Alamy/Elliot Nichol (Beachy Head bei Eastbourne)
Zusätzliches Bildmaterial: S. 89 u. mauritius images/imageBROKER/Gary K Smith/ FLPA, 114 (Tipp) mauritius images/Alamy/Peter Cripps
Grafische Konzeption, Art Direktion: CYCLUS · Visuelle Kommunikation, Stuttgart
Layout: Stephanie Isensee, fpm factor product münchen
Kartografie: © MAIRDUMONT GmbH & Co. KG, Ostfildern
Illustration: Grazyna Ostrowska-Henschel (illus-icons-infografiken.de)
DuMont Bildarchiv: Marco-Polo-Straße 1, 73760 Ostfildern, bildarchiv@mairdumont.com

Für die Richtigkeit der in diesem DuMont Bildatlas angegebenen Daten – Adressen, Öffnungszeiten, Telefonnummern usw. – kann der Verlag keine Garantie übernehmen. Nachdruck, auch auszugsweise, nur mit vorheriger Genehmigung des Verlages. Erscheinungsweise: vierteljährlich.

Anzeigenvermarktung: MAIRDUMONT MEDIA, Tel. 0711/4502-0, Fax 0711/4502-1012, media@mairdumont.com, http://media.mairdumont.com
Vertrieb Zeitschriftenhandel: PARTNER Medienservices GmbH, Postfach 810420, 70521 Stuttgart, Tel. 0711/7252-212, Fax 0711/7252-320
Vertrieb Abonnement: Leserservice DuMont Bildatlas, Zenit Pressevertrieb GmbH, Postfach 810640, 70523 Stuttgart, Tel. 0711/7252-265, Fax 0711/7252-333, dumontreise@zenit-presse.de
Vertrieb Buchhandel und Einzelhefte: MAIRDUMONT GmbH & Co KG, Marco-Polo-Straße 1, 73760 Ostfildern, Tel. 0711/4502-0, Fax 0711/4502-340
Reproduktionen: PPP Pre Print Partner GmbH & Co. KG, Köln

Printed in Germany

Urlaub erinnern …

Wenn jemand eine Reise tut, dann kann er was erzählen. Und nicht nur das: Er nimmt auch etwas mit. Erinnerungen an die schönste Zeit im Leben.

SONNE UND REGEN

Von Wetterkapriolen lassen wir uns nicht den Spaß verderben. Das ist die wichtigste Urlaubslektion des Englandreisenden. Also packen wir morgens Regenjacke und Sonnencreme ein, und schon sind wir auf alle Eventualitäten vorbereitet. Wieder im Alltag habe ich mir Mini-Ausgaben von beidem für die Handtasche besorgt und trage auf diese Weise ein gutes Stück Urlaub immer mit mir herum.
(Tanja Müller-Jonak, Autorin)

FULL ENGLISH BREAKFAST

Sie woll(t)en Ihren üblichen Frühstücksgewohnheiten treu bleiben? Netter Versuch! Eier, Schinken, Würstchen und Tomaten, dazu Toast mit Orangenmarmelade und ein Earl Grey mit Milch – nichts stärkt besser für einen Tag voller Abenteuer! Das gilt auch für den Frühstückstisch zu Hause.

ENGLISCHER WHISKY

Gute Nachrichten für Whisky-Liebhaber: Es muss nicht immer Schottland sein. Single Malt wird auch in Südengland gebraut, zum Beispiel in der Dartmoor Whisky Distillery mit Moorwasser aus dem Nationalpark. Da wird jeder Schluck zum Urlaubserlebnis. Auch zu Hause.

Dartmoor Whisky Distillery, The Old Town Hall, Bovey Tracy, Newton Abbot, auch Führungen zu buchen unter www.dartmoorwhiskydistillery.co.uk

GRÜN, GRÜN, GRÜN

Einen Hauch englischer Gartenkultur, die uns vor Ort mit ihrer unglaublich vielfältigen Blütenpracht so begeistert hat, bekommt man auch zu Hause hin. Die Pflanzen im Beet nach Wuchshöhe staffeln, nicht zu weit auseinander setzen, damit alles wie zufällig ineinander wächst. Und: Die Blätter sind genauso wichtig wie die Blüten! Mit diesen Erkenntnissen im Gepäck pflanzen wir uns ein Stück England vor die Haustür.

DIE WOLLE DER LÄMMER

Die Wolle von der allerersten Schur kratzt nicht. Darüber hinaus sind ihre Produkte wärmend, atmungsaktiv, wasserabweisend – und: *very british!* Ob Pullover, Weste oder Rock: ein Mitbringsel, dessen exzellente Qualität wir in der Regel erst wirklich richtig zu schätzen wissen, wenn der Sommer schon wieder vorbei ist.

ARTUS-FILME

Zum Glück werden wir des sagenhaften Königs niemals müde. Auf diese Weise bekommt jede Generation ihre eigenen Artus-Geschichten. Ob Sie Sean Connery, Clive Owen oder Charlie Hunnam bevorzugen, spielt dabei kaum eine Rolle. Sie alle werden Ihnen Tintagel (unten links) und Glastonbury Abbey (unten rechts) in Erinnerung rufen.

»SELTEN HABE ICH AUF MEINEN VIELEN REISEN EINEN SOLCHEN REICHTUM AN FOTOMOTIVEN VORGEFUNDEN WIE IN SÜDENGLAND.«

Gerald Hänel, Fotograf

KUCHEN MIT SOSSE

Dass sie auf der Insel backen können, steht außer Zweifel! Nicht nur sollte man sich einen großen Vorrat an Pasteten und Chocolate Chip Cookies mit nach Hause nehmen, sondern auch zurück in der Heimat den Schokokuchen mal mit Karamellsoße servieren.

ZAUBERHAFTES QUELLWASSER

Meist gibt nur ein altes Holzschild am Straßenrand Hinweis auf jene Quellen, denen schon seit Jahrtausenden heilende Kräfte nachgesagt werden. Für Freunde als Mitbringsel in kleine Flaschen füllen!

URLAUBSMUSIK

War es der Popsong im Mietwagen oder ein YouTube-Video der Shanties singenden Fisherman's Friends? Egal: Stöpsel ins Ohr und losgeträumt! Mein Favorit ist »Restless Winds« von Passenger. Zum Heulen schön!

GUTE KONDITION

Englische Hügel erscheinen als sanfte Wellen, sind aber oft so steil wie Kellertreppen. Das macht stramme Waden und sorgt für eine Spitzenausdauer. Nach Ihrer Südenglandreise sind dann Fahrstühle – egal, wie viele Stockwerke hoch hinauf es auch gehen mag – mindestens drei Monate lang keine Option mehr für Sie!

BELLYBOARD-SPASS

Ein quietschbuntes Schaumstoffboard? In Cornwall hatten wir viel Spaß damit! Zurück in der Heimat nehmen wir das gute Stück mit ins Wellenbad oder paddeln bäuchlings auf den spiegelglatten See hinaus und träumen von der Brandung am Fistral Beach.

FRANKREICH SÜDWESTEN OKZITANIEN

Faszinierende Vielfalt
Einsame Landschaften, grandiose Strände und spannende Städte wie Montpellier und Perpignan sind zu entdecken.

Romantik pur
Kennen Sie Aigues-Mortes, Mirepoix oder Najac? Nein? Müssen Sie kennenlernen. Es sind mittelalterliche Städtchen von unglaublichem Reiz.

Im Höhenflug
Interview mit einem Gaillac-Winzer, der mit seinen Weinen Spitzenniveau erreicht.

www.dumontreise.de

ZYPERN

Die ganze Insel
Nach wie vor ist Zypern in einen griechischen Süden und einen türkischen Norden geteilt. Der neue Bildatlas behandelt die gesamte Insel.

Ein Badeparadies
Zypern besitzt herrliche Strände – die schönsten stellen wir in der Rubrik »Unsere Favoriten« vor.

Grand-Canyon-Gefühl
Folgen Sie unserer Wanderempfehlung durch die Avakás-Schlucht, traumhaft!

LIEFERBARE AUSGABEN

DEUTSCHLAND
207 Allgäu
216 Altmühltal
220 Bayerischer Wald
180 Berlin
162 Bodensee
217 Brandenburg
175 Chiemgau, Berchtesg. Land
237 Dresden, Sächsische Schweiz
152 Eifel, Aachen
157 Elbe und Weser, Bremen
168 Franken
020 Frankfurt, Rhein-Main
112 Freiburg, Basel, Colmar
231 Hamburg
026 Hannover zw. Harz und Heide
042 Harz
023 Leipzig, Halle, Magdeburg
210 Lüneburger Heide
188 Mecklenburgische Seen
038 Mecklenburg-Vorpommern
033 Mosel
190 München
047 Münsterland
223 Nordseeküste Schleswig-Holstein
006 Oberbayern
161 Odenwald, Heidelberg
035 Osnabrücker Land
002 Ostfriesland
164 Ostseeküste Mecklenburg-Vorpommern
154 Ostseeküste Schleswig-Holstein
201 Pfalz
040 Rhein zw. Köln und Mainz
185 Rhön
186 Rügen, Usedom, Hiddensee
206 Ruhrgebiet
149 Saarland
182 Sachsen
159 Schwarzwald Norden
045 Schwarzwald Süden
018 Spreewald, Lausitz
008 Stuttgart, Schwäbische Alb
239 Sylt, Amrum, Föhr
204 Teutoburger Wald
170 Thüringen
037 Weserbergland

BENELUX
156 Amsterdam
011 Flandern, Brüssel
179 Niederlande

FRANKREICH
177 Bretagne
021 Côte d'Azur
032 Elsass
228 Frankreich Südwesten Okzitanien
240 Französische Atlantikküste
019 Korsika
213 Normandie
235 Paris
198 Provence

GROSSBRITANNIEN/ IRLAND
187 Irland
202 London
189 Schottland
227 Südengland

ITALIEN/MALTA/ KROATIEN
181 Apulien, Kalabrien
211 Gardasee
222 Golf von Neapel, Kampanien
163 Istrien, Kvarner Bucht
215 Italien, Norden
233 Kroatische Adria
167 Malta
155 Oberitalienische Seen
158 Piemont, Turin
014 Rom
165 Sardinien
003 Sizilien
203 Südtirol
039 Toskana
232 Venedig, Venetien

GRIECHENLAND/ ZYPERN/TÜRKEI
034 Istanbul
016 Kreta
176 Türkische Südküste, Antalya
229 Zypern

MITTEL- UND OSTEUROPA
236 Baltikum
208 Danzig, Ostsee, Masuren
169 Krakau, Breslau, Polen Süden
044 Prag
193 St. Petersburg

ÖSTERREICH/ SCHWEIZ
192 Kärnten
004 Salzburger Land
196 Schweiz
226 Tirol
197 Wien

SPANIEN/PORTUGAL
043 Algarve
214 Andalusien
150 Barcelona
025 Gran Canaria, Fuerteventura, Lanzarote
172 Kanarische Inseln
199 Lissabon
209 Madeira
174 Mallorca
225 Porto, Portugal Norden
241 Spanien Norden, Jakobsweg
219 Teneriffa, La Palma, La Gomera, El Hierro

SKANDINAVIEN/ NORDEUROPA
166 Dänemark
212 Finnland
153 Hurtigruten
029 Island
200 Norwegen Norden
178 Norwegen Süden
151 Schweden Süden, Stockholm

LÄNDERÜBERGREIFENDE BÄNDE
224 Donau – Von der Quelle bis zur Mündung
112 Freiburg, Basel, Colmar
221 Kreuzfahrt auf der Ostsee

AUSSEREUROPÄISCHE ZIELE
183 Australien Osten, Sydney
109 Australien Süden, Westen
218 Bali, Lombok
195 Costa Rica
234 Dubai, Abu Dhabi, VAE
160 Florida
205 Iran
027 Israel, Palästina
242 Japan
230 Kalifornien
031 Kanada Osten
191 Kanada Westen
171 Kuba
238 Marokko
022 Namibia
194 Neuseeland
041 New York
184 Sri Lanka
048 Südafrika
012 Thailand
046 Vietnam